2023年版

中検準1級・1級
試験問題

［第106・107回］
解答と解説

一般財団法人
日本中国語検定協会 編

白帝社

音声ファイルの再生方法について

- 『中検準 1 級・1 級試験問題 2023［第 106・107 回］』の音声ファイル（MP3）は，下記サイトにアクセスし，無料でストリーミングやダウンロードで聞くことができます。

https://www.hakuteisha.co.jp/audio/chuken/j11-2023.html

- **ストリーミングで聞く場合**（スマートフォン，パソコン，Wi-Fi がある所でおすすめ）:「ストリーミング」の下にあるトラック番号を選択（タッチまたはクリック）すると再生されます。
- **ダウンロードで聞く場合**（パソコンでおすすめ）:「ダウンロード」の下にあるファイル名を選択（クリック）します。ファイルは ZIP 形式で圧縮された形でダウンロードされます。スマートフォンで行う場合の参考情報は，v 頁をご覧ください。
- 発行より年月がたっているものは，ダウンロードのみとなります。
- 本文中の　マークの箇所が音声ファイル（MP3）提供箇所です。会場での受験上の注意を収録したトラック 01，02，48 は，本書「問題」部分には記していません。
- 本書と音声は著作権法で保護されています。

ご注意

＊ 音声の再生には，MP3 ファイルが再生できる機器などが別途必要です。

＊ ご使用機器，音声再生ソフトに関する技術的なご質問は，ハードメーカー，ソフトメーカーにお問い合わせください。

ストリーミングやダウンロードがご利用できない場合は CD をお送りします。葉書やメールに，①『中検準 1 級・1 級試験問題 2023［第 106・107 回］』の CD 希望，②お送り先の住所，③氏名を明記の上，下記宛お申し込みください。

171-0014　東京都豊島区池袋 2-65-1　白帝社 CD 係

info@hakuteisha.co.jp

まえがき

私たちの協会はこれまで各回の試験が終わるごとに級別に試験問題の「解答解説」を発行し，また年ごとに試験問題と解答解説を合訂した「年版」を公表してきました。これらは検定試験受験者だけでなく，広く中国語学習者や中国語教育に携わる先生方からも，大きな歓迎を受けてきましたが，ただ主として予約による直接購入制であったため，入手しにくいので一般の書店でも購入できるようにしてほしいという声が多く受験者や学習者から寄せられていました。

その要望に応えるため，「年版」の発行を2013年度実施分より中国語テキストや参考書の発行に長い歴史と実績を有する白帝社に委ねることにしました。「各回版」の方は速報性が求められ，試験終了後直ちに発行しなければならないという制約を有するため，なお当面はこれまでどおり協会が発行し，直接取り扱うこととします。

本書の内容は，回ごとに出題委員会が作成する解答と解説に準じていますが，各回版刊行後に気づいた不備，回ごとの解説の粗密や記述体裁の不統一を調整するとともに，問題ごとに出題のねらいや正解を導くための手順を詳しく示すなど，より学習しやすいものになるよう配慮しました。

本書を丹念に読むことによって，自らの中国語学習における不十分なところを発見し，新しい学習方向を定めるのに役立つものと信じています。中国語学習者のみなさんが，受験準備のためだけでなく，自らの学力を確認するための目安として本書を有効に活用し，学習効果の向上を図られることを願っています。

2023年4月

一般財団法人 日本中国検定協会

本書について

本書は，日本中国語検定協会が2022年度に実施した第106回（2022年6月），第107回（2022年11月）中国語検定試験の問題とそれに対する解答と解説を，実施回ごとに分けて収めたものです。リスニング問題の音声はダウンロードして聴くことができます。

問　題

・試験会場で配布される状態のものに，音声のトラック番号を 03 のように加えています。ただし，会場での受験上の注意を収録した各回のトラック 01，02，48 は記していません。

解答と解説

・問題の最初に，出題の形式や狙いと細かい配点を示しています。

・４択式の解答は白抜き数字❶❷❸❹で，記述式の解答は太字で示しています。解説は問題ごとに　　内に示しています。

・問題文と選択肢のすべてに日本語訳例を付し，筆記の選択肢の語句にピンインを付けています。

・ピンイン表記は原則として《现代汉语词典 第７版》に従っていますが，“不”“一”の声調は変調したものを示しています。
“没有”は動詞は méiyǒu，副詞は méiyou のように表記しています。
軽声と非軽声の２通りの発音がある場合は，原則として軽声の方を採用しています。例：“打算 dǎ·suàn”は dǎsuan，“父亲 fù·qīn”は fùqin，“因为 yīn·wèi”は yīnwei。

・音声のトラック番号は，04 のように示し，繰り返しのものを割愛しています。

解答用紙見本

・巻末にマークシート式の解答用紙の見本（一部。70%縮小）があります。記入欄を間違えないように，解答欄の並び方を確認しましょう。

参考情報 スマートフォンで音声ダウンロードと再生を行う手順

https://www.hakuteisha.co.jp/audio/chuken/j11-2023.html

・Android，iPhone：次の手順で再生してください。

① QR コードを読み取るか，ブラウザに URL を入力して，音声ダウンロードページを開きます。

⇩

② ダウンロードしたいものを選択（タッチ）すると，ダウンロードされます。

⇩

③ ダウンロードしたものが保存されている場所を開き，ダウンロードしたものを開きます。

⇩

④ ダウンロードしたファイルを選択し，聞きたいトラック番号を選択して，再生します。

＊スマートフォンの機種や使用アプリ，アプリのバージョンによって操作方法は少し異なることがあります。

目　次

準1級第106回

(2022年6月)

問　題

解答時間：計120分

配点：リスニング100点，筆記100点

解答と解説

リスニング （⇨解答と解説12頁）

03 **1** 中国語を聞き，⑴～⑽の問いの答えとして最も適当なものを，①～④の中から１つ選びなさい。 （50点）

04

12

05

13

06

14

07 ⑴

15 ① ② ③ ④

08 ⑵

16 ① ② ③ ④

09 ⑶

17 ① ② ③ ④

10 ⑷

18 ① ② ③ ④

11 ⑸

19 ① ② ③ ④

20
28

21
29

22
30

23 (6)
31 ① ② ③ ④

24 (7)
32 ① ② ③ ④

25 (8)
33 ① ② ③ ④

26 (9)
34 ① ② ③ ④

27 (10)
35 ① ② ③ ④

36 **2** 中国語を聞き，その中から指定された５か所を漢字で書き取りなさい。 (50 点)

37
45

38
46

39
47

40
41
42
43
44

筆　記

（⇨解答と解説20頁）

1 次の文章を読み，(1)～(10)の問いの答えとして最も適当なものを，①～④の中から1つ選びなさい。 (20点)

1852年秋天，大作家屠格涅夫在无意间捡到了一本杂志。他随手翻了几页，被一篇题名为《童年》的小说所吸引。作者是一个 [(1)] 的小辈，但屠格涅夫却对他的才华十分欣赏。他四处打听，得知作者是一个由姑母抚养长大的青年。屠格涅夫几经 [(2)]，找到了作者的姑母，表达了他的肯定与鼓励，[(3) a] 作者的姑母转达。姑母马上写信告诉侄儿：“你的处女作受到了大名鼎鼎的屠格涅夫的称赞。他说：你如果能继续写下去，前途一定不可限量。”作者收到信后欣喜若狂。他本来是为了排遣生活的苦闷而写的《童年》，屠格涅夫的欣赏，[(3) b] 他有了自信，[(4)] 点燃了他的创作热情，于是一发而不可收地写了下去，完成了四卷本的长篇巨著《战争与和平》。他就是闻名世界的文学家列夫 托尔斯泰。

作家林清玄早年做记者时，曾写过一个小偷作案的报道。这个小偷偷东西的手法细腻严谨，行窃 [(5)] 百起才被发现。在报道的最后，林清玄情不自禁地感叹：“如此细密的心思、灵巧的手法，[(6)] 做任何一行都会做出成绩吧!”他不曾想到，自己无心写下的这几句话，竟影响了一个青年的一生。现在，当年的小偷已经成了一家大公司的老板。在一次邂逅中，他(7)诚挚地对林清玄说：“林先生的那些话，[(3) c] 我深受触动。我想，自己为什么要做小偷，而不去做正当的事呢? 从那以后，我 [(8)]，重新做人，才有了今天。”这从另一个不同的角度，证明了欣赏的力量。

在生活中，每个人都渴望得到别人的欣赏，同样，每个人也都应该学会欣赏别人。欣赏者通过欣赏在 [(3) d] 自己的鉴赏能力得到提高的同时，表达自己的仁爱之心，[(9)] 别人 [(9)] 鼓励；被欣赏者则由此产生奋进之力，向上之志。可以说，欣赏别人是做人的一种美德，被人欣赏是人生的一大幸事。

⑴ 空欄⑴を埋めるのに適当なものはどれか。

① 一言不发　② 默不作声　③ 一声不响　④ 默默无闻

⑵ 空欄⑵を埋めるのに適当なものはどれか。

① 周转　② 转折　③ 周折　④ 夭折

⑶ 4 か所の空欄⑶を埋めるのに適当な組み合わせはどれか。

① a 使 b 叫 c 叫 d 让　② a 叫 b 使 c 让 d 使

③ a 让 b 使 c 使 d 叫　④ a 叫 b 让 c 使 d 叫

⑷ 空欄⑷を埋めるのに適当なものはどれか。

① 一口气　② 一下子　③ 一阵风　④ 一溜烟

⑸ 空欄⑸を埋めるのに適当なものはどれか。

① 下　② 上　③ 多　④ 余

⑹ 空欄⑹を埋めるのに<u>**適当でないもの**</u>はどれか。

① 无论　② 不管　③ 也许　④ 即使

⑺ 下線部⑺の正しいピンイン表記はどれか。

① chéngshì　② chèngshì　③ chéngzhì　④ chèngzhì

⑻ 空欄⑻を埋めるのに<u>**適当でないもの**</u>はどれか。

① 辞旧迎新　② 脱胎换骨　③ 悔过自新　④ 改邪归正

⑼ 2 か所の空欄⑼を埋めるのに適当なものはどれか。

① 给…以…　② 把…当…　③ 为…而…　④ 以…为…

⑽ 本文の内容と一致するものはどれか。

① 因为《童年》是作者的第一部小说，所以受到了屠格涅夫的欣赏。

② 在姑母的鼓励下，托尔斯泰完成了《战争与和平》。

③ 有的时候，欣赏和被欣赏都可能改变人的一生。

④ 为了得到别人的欣赏，应该学会欣赏别人。

2 ⑴～⑽の中国語の空欄を埋めるのに最も適当なものを，①～④の中から1つ選びなさい。（20点）

⑴（　　　）我看这件事儿这么办不妥，赶紧想别的办法吧。

① 依　② 自　③ 从　④ 随

⑵ 如果还没考虑成熟，就不要（　　　）行动。

① 浑然　② 截然　③ 猛然　④ 贸然

⑶ 我正在算账，忙得要命，哪有工夫和你聊天儿，你就别来（　　　）了。

① 凑热闹　② 凑份子　③ 凑数儿　④ 凑整儿

⑷ 原来是这么回事儿，我理解错了。听了老师的解释，才（　　　）。

① 一目了然　② 大惑不解　③ 异想天开　④ 恍然大悟

⑸ 这个十字路口，昨天晚上发生了一（　　　）交通事故，还好没有人伤亡。

① 股　② 则　③ 起　④ 阵

⑹ 他们之间有一些（　　　），经过几次交谈，澄清了误会，现在终于互相谅解了。

① 远见　② 成见　③ 互见　④ 短见

⑺ 这孩子（　　　），明明自己算错了，就是死不承认。

① 嘴尖　② 嘴笨　③ 嘴严　④ 嘴硬

⑻ 虽然过去三十多年了，我父亲对当时的情景还记得（　　　）。

① 一清二楚　② 一丝不苟　③ 一清二白　④ 一毛不拔

⑼ 刚和女朋友分手那几天，他总也放不下那件事儿，上课时常常（　　　）。

① 耍花招儿　② 做手脚　③ 开小差儿　④ 打埋伏

⑽ 弟弟年轻（　　　），说话不考虑别人的感受，常常惹人不高兴。

① 气短　② 气急　③ 气盛　④ 气愤

3 ⑴〜⑻の中国語の下線部の説明として最も適当なものを，①〜④の中から１つ選びなさい。 (16点)

⑴ 从大一开始，他就在学校附近的手机店打工，对各种手机了如指掌。

① 经常拿在手上摆弄。

② 能够指出事物的优缺点。

③ 对事物了解得非常清楚。

④ 只了解事物的一部分。

⑵ 最近几年，各种脱口秀在美国各大都市的电台、电视台很常见，也很引人注目。

① 不用底稿的朗诵。

② 以现场谈话为主的节目。

③ 随时播报的新闻。

④ 按事先安排举行的讲演。

⑶ 谁都知道老李是个热衷于鸡蛋里挑骨头的人，大家都对他敬而远之。

① 比喻想弄清事物的详情。

② 比喻故意找差错。

③ 比喻和别人说话时指手画脚。

④ 比喻做事精益求精。

⑷ 治理河流污染，要制定长远规划，逐步落实，水到渠成，不能急功近利。

① 比喻只要坚持到最后，事情就会成功。

② 比喻只有修好水渠，才能治理污染。

③ 比喻条件成熟，事情自然会成功。

④ 比喻如果能抓住关键，就能从根本上解决问题。

(5) 理事会是经过几次海选产生的，得到了公司全体员工的信任。

① 指定若干个候选人，得票多者当选的选举。

② 不指定候选人，得票多者当选的选举。

③ 经过广泛的竞选活动之后的选举。

④ 选举人不必在选票上署名的选举。

(6) 我这个人很窝囊，什么事儿也办不成。

① 出不了家门。

② 经常被误解。

③ 没有专长。

④ 胆小无能。

(7) 这次火灾之后，我们要提高安全生产意识，千万别好了伤疤忘了疼。

① 比喻不从过去的错误中吸取教训。

② 比喻失败了也坚持做下去。

③ 比喻害怕犯同样的错误。

④ 比喻不能利用以前的经验。

(8) 她是独生女，父母从小就惯着她，对这个女儿百依百顺。

① 对正确做法予以鼓励。

② 培养独立性。

③ 督促养成好习惯。

④ 纵容养成不良习惯或作风。

4 次の文章を読み，ピンイン表記の(a)・(b)を漢字（簡体字）に改め，下線部(1)・(2)を日本語に訳しなさい。 (20点)

在中国的古书《列子》里，有一个杞人忧天的故事。说的是杞国有一个人，总是担心天会塌下来，整天生活在忧虑之中。忧虑是人类的天敌，它剥夺我们的快乐，使人失去生活的勇气和活力。忧虑者整天忧心忡忡，魂不守舍，似乎总在期待着灾难的降临，而不能充分享受生活。他们总带着一种不安揣测明天，比如：“得了(a)búzhìzhīzhèng怎么办？”“遇到交通事故怎么办？”等等。(1)实际上天晓得这些事情是否会发生，即使发生了，到时候再考虑对策也为时不晚。

对于勇敢者来说，真的遇到了灾难或者发生了什么不幸的事，他也能鼓起勇气，勇敢地面对，战胜困难，超越不幸，不向命运低头。一个人如果有坚定的意志，有自己追求的目标，就没有任何力量能让他哀声叹气，忧虑重重，消极(b)tuìquè。(2)一个人要是缺乏勇气，那么他就会在忧虑中度日如年，失去一切成功的机会，从而不能享受生活的快乐。每个人都应该清醒地认识到，忧虑对生活毫无意义，生活不会因为你的忧虑而有所改变。

5 ⑴・⑵の日本語を中国語に訳しなさい。また，⑶の指示に従って中国語で文章を書きなさい。（24点）

⑴ 新型コロナウイルスの影響で原油が余り，原油価格が急落したため，産油国は大打撃を受けた。その後，ワクチン接種が進んだことで世界経済は再び回り始め，エネルギーに対するニーズが急増したことにより，小売価格も大幅に上昇した。

⑵ アニメは外国人が日本に興味を持つきっかけとなっている。その中でも特にヨーロッパや中国大陸を中心とする中華文化圏で人気を博していると言われている。最近では，ファンがアニメの舞台となった場所を巡る旅行も盛んに行われている。

⑶ **「グローバル化」について，次の3つの語句をすべて使用して50字以上80字以内で書きなさい。**
“跨文化”“障碍”“协助”

リスニング （⇨問題 2 頁）

1 600 字程度の 2 つの文章を聞き，内容についての問い 5 問ずつに答えます。ポイントとなる内容を聞き取り，全体の趣旨をつかむ能力を問います。(各 5 点)

解答：(1) ❹　(2) ❷　(3) ❹　(4) ❸　(5) ❸　(6) ❷　(7) ❸　(8) ❹　(9) ❸　(10) ❶

(1)〜(5)の中国語

04 奥林匹克运动会分为夏季奥运会和冬季奥运会，分别简称为“夏奥会”和“冬奥会”。两个大会以前是在同一年举行的，后来改为间隔两年交叉举行，每四年各举办一次。

不论是夏奥会，还是冬奥会，都有很多城市争先恐后地申请举办，激烈的竞争一般是从十几年前开始。例如夏奥会，在东京的第 32 届开始之前，巴黎、洛杉矶和澳大利亚的布里斯班就取得了第 33 届、34 届、35 届的举办权。现在，各国正在争夺第 36 届的举办权。据说光是中国，就有很多城市准备申请。

05 竞争这么激烈，很容易让人想到奥运会能赚钱。其实，从第一届奥运会到 1984 年在美国洛杉矶举行的第 23 届奥运会之前，每次都是赔本儿的买卖，不光没有赚到钱，还都亏损了很多。因为举办国不仅要修建比赛设施，还要承担其他国家代表团的一切费用，而作为大会主要收入源的广告收入，和这些支出比起来，只是九牛一毛，入不敷出。1976 年在加拿大蒙特利尔市举办的奥运会，足足亏了 10 亿美元，市政府差点儿破产不说，还让全体市民背上了巨额债务，直到 2006 年才还清。

06 面对这种情况，1984 年美国洛杉矶奥运会提出了一个大胆的对策：限制广告数量，提高广告的价格。具体的做法是：每个项目只接受一个广告，大会一共只接受 30 个广告；要获得做广告的资格，必须出资 400 万美元以上。物以稀为贵，能获得这样稀缺的广告，就能显出自己的实力，收到理想的宣传效果。于是各大公司纷纷出钱竞争。除了广告之外，他们还提高了电视转播权的价格。这样，他们不仅没有赔钱，还赚了 2.5 亿美元。至此，奥运会成了争相举办的“抢手货”。

訳：オリンピックは夏季オリンピックと冬季オリンピックに分かれ，それぞれ略して“夏奥会”“冬奥会”と呼ばれる。2つの大会は以前は同じ年に行われていたが，後に2年間隔で交互に行われるように改められ，それぞれ4年に1度開催される。

夏であろうと,冬であろうと,毎回のオリンピックには多くの都市が先を争って開催の申請を行い，熾烈《しれつ》な競争は大体十数年前から始まる。例えば夏のオリンピックは，東京での第32回が始まる前に，パリ・ロサンゼルス・オーストラリアのブリスベンがすでに第33，34，35回の開催権を勝ち取った。現在，各国でちょうど第36回の開催権を争っているところだ。中国だけでも，多くの都市が申請の準備をしているとのことである。

競争がそのように熾烈だと，オリンピックの開催は金がもうかると思われやすい。しかし実際には，第1回オリンピックから1984年アメリカのロサンゼルスで行われた第23回オリンピックの前まで，毎回いつも赤字で，金がもうからないだけでなく，かえって多くの損失を出した。開催国は試合施設を建築しなければならないだけでなく，更に他の国のオリンピック代表団のすべての費用を負担しなければならないが，大会の主な収入源としての広告収入は，これらの支出と比べると，ごくわずかにすぎず，収支が釣り合わないからである。1976年にカナダのモントリオールで開催されたオリンピックは，優に10億米ドルの赤字となり，市の財政がもう少しで破綻するところだったことは言うまでもなく，更に全市民に巨額の負債を負わせ，2006年になってようやく完済できた。

このような状況に面して，1984年アメリカのロサンゼルスオリンピックでは，広告数を制限し，広告費を上げるという大胆な対策が提出された。具体的な方法は，1つの種目で1つしか広告を受け付けず，大会全体では30の広告しか受け付けなかった。広告をする資格を得るには，400万米ドル以上の出資が必要だったのである。珍しいものほど値段が高く，このような希少な広告を得ることができれば，自社の実力を表すことができ，理想的な宣伝効果を手に入れることができる。だから,各大企業は次々と金を出して競争するのである。広告のほかに，ロサンゼルスオリンピックでは更にテレビ中継放送権の価格も上げた。このように，彼らは赤字を出さないどころか，逆に2.5億米ドルを稼いだ。それ以来，オリンピックは開催を競う「人気商品」となってしまったのである。

07 (1) 問：“间隔两年交叉举行”是什么意思?

（「2年間隔で交互に行われる」とはどんな意味か。）

答：① 两年开一次夏奥会，两年开一次冬奥会。（2年に1回夏のオリンピックを行い，2年に1回冬のオリンピックを行う。)

② 夏奥会和冬奥会都每隔两年开一次。(夏のオリンピックと冬のオリンピックはどちらも2年ごとに1回行われる。)

③ 夏奥会召开后的第一年开冬奥会，冬奥会召开后的第一年开夏奥会。(夏のオリンピック開催後の次の年に冬のオリンピックを行い，冬のオリンピック開催後の次の年に夏のオリンピックを行う。)

❹ 夏奥会召开后的第二年开冬奥会，冬奥会召开后的第二年开夏奥会。(夏のオリンピック開催の2年後に冬のオリンピックを行い，冬のオリンピック開催の2年後に夏のオリンピックを行う。)

08 (2) 問：获得了第33、34、35届举办权的是哪几个国家?

(第33，34，35回の開催権を獲得したのはどの国か。)

答：① 日本、法国、美国。(日本・フランス・アメリカ。)

❷ 法国、美国、澳大利亚。(フランス・アメリカ・オーストラリア。)

③ 法国、美国、加拿大。(フランス・アメリカ・カナダ。)

④ 美国、澳大利亚、中国。(アメリカ・オーストラリア・中国。)

09 (3) 問：第23届以前的奥运会为什么没能盈利?

(第23回以前のオリンピックはなぜ利益が得られなかったのか。)

答：① 因为竞争举办的城市太少。(開催を競う都市が少なすぎたから。)

② 因为夏奥会和冬奥会在同一年举行。

(夏のオリンピックと冬のオリンピックは同じ年に行われたから。)

③ 因为广告少，广告的收入不多。

(広告が少なく，広告収入が多くなかったから。)

❹ 因为广告多，但广告的收入少。

(広告は多かったが，広告収入が少なかったから。)

10 (4) 問：各大公司为什么竞争第23届奥运会的广告?

(各大企業はなぜ第23回オリンピックの広告を競ったのか。)

答：① 因为广告多，费用便宜。(広告が多く，費用が安かったから。)

② 因为大公司有经济实力。(大企業には経済力があったから。)

❸ 因为广告少，收效大。(広告が少なく，効果が大きかったから。)

④ 因为能够被电视转播。(テレビで中継されたから。)

11 (5) 問：与本文内容相符的是以下哪一项?

（本文の内容と一致するものは，次のどれか。）

答：① 从十几年前开始，竞争举办奥运会的城市越来越多。
（十数年前から，オリンピック開催を競う都市がだんだん多くなってきた。）

② 因为举办了奥运会，蒙特利尔市在2006年差点儿破产。（オリンピックを開催したため，モントリオール市は2006年に破綻しそうになった。）

❸ 洛杉矶即将成为再一次举办奥运会的城市。
（ロサンゼルスは再びオリンピックを開催する都市となる。）

④ 第23届奥运会主要靠卖出电视转播权实现了盈利。（第23回オリンピックでは主にテレビ中継権を売り出すことで利益獲得を実現した。）

⑹〜⑽の中国語

20 从2013年8月开始，中央电视台先后推出了“中国汉字听写大会”、“中国成语大会”、“中国谜语大会”、“中国地名大会”、“中国诗词大会”等五个大型文化竞赛节目。除了“中国谜语大会”播了三期之外，其他的都超过了十期，“汉字听写”、“中国地名”、“中国诗词”三个大会还实现了跨年度播出。

21 正在继续的“中国诗词大会”到现在为止已经播了60期。每期在电视台参加比赛的有一百位诗词爱好者，称为“百人团”。观看电视的累计达到了4.49亿人次，通过电视的遥控器、手机、传真等参与互动的人数超过了120万。发表在电视台网页上的关于诗词大会的文章，总阅读量接近1亿。

22 诗词大会的比赛内容包括识别题、填空题、判断题、诗句接龙和对句题。识别题是从任意排列的九个或十二个汉字中找出一句五个字或七个字的古诗。比如从“在、有、山、水、破、中、河、国、家”九个字中，找出唐朝诗人杜甫的诗句：“国破山河在”。填空题要求填入一句诗里空白的字或词。判断题要求判断诗句或者和古诗的作者、写作年代等有关说法的对错。诗句接龙是几个人排成一圈，一个人先说出一句古诗，挨着他的人接着说出用这句诗的最后一个字开头的另一句诗。比如前一个人说：“春眠不觉晓”，下一个人说出用“晓”开头的另一句诗。对句题是前一个人说出一句诗，后一个人说出这句诗的下一句。如前一个人说“国破山河在”，后一个人说“城春草木深”。各种题分别要求在10秒到30秒内回答，超过了时间即使答对了也不能得分。

訳：2013年8月から，中央テレビ局は「中国漢字書き取り大会」，「中国成語大会」，「中国なぞなぞ大会」，「中国地名大会」，「中国詩詞大会」などの5つの大型文化競技大会番組を立て続けに世に出した。「中国なぞなぞ大会」が３期しか放送しなかったのを除くと，その他のものはすべて10期を超え，「漢字書き取り」，「中国地名」，「中国詩詞」の３つの大会は更に年度をまたいで放送された。

今継続している「中国詩詞大会」は現在までですでに60期放送されている。毎期テレビ局で競技に参加するのは100名の詩詞愛好者で，“百人団”と呼ばれている。テレビを見た人の累計は延べ4.49億人で，テレビのリモコン，携帯，ファックスなどで双方向で参加した人の数は120万人を超えている。テレビ局のホームページに発表されている詩詞大会に関する文章の総閲覧数は１億に近づいている。

詩詞大会の競技内容は識別問題，穴埋め問題，判断問題，詩句しりとり，対句問題を含む。識別問題は任意に配列された９個または12個の漢字の中から一文となる５字または７字の古詩を探し出すものである。例えば“在、有、山、水、破、中、河、国、家”の９個の字から，唐代の詩人杜甫の詩である“国破山河在”（国破れて山河在り）を探し出す。穴埋め問題は１句の詩の中の空白になった字や単語を書き入れなければならない。判断問題は詩句や古詩の作者，書かれた年代などに関した説明の正誤を判断しなければならない。詩句しりとりは数人で輪を作り，一人がまず一文の古詩を詠み，その隣の人が続けてその詩の最後の１字で始まる別の詩を詠む。例えば，前の人が“春眠不觉晓”（春眠暁を覚えず）と言えば，次の人は“晓”を最初に用いて別の詩を詠むのである。対句問題は前の人が１句の詩を詠むと，次の人がその詩の続きの１句を詠むのである。例えば，前の人が“国破山河在”（国破れて山河在り）と詠むと，次の人は“城春草木深”（城春にして草木深し）と詠む。どのような題目もそれぞれ10秒から30秒以内に回答しなければならず，時間を超えると答えが合っていても得点にはならないのである。

23 (6) 問：没实现跨年度播出的是哪两个大会？
（年度をまたいでの放送が実現されなかったのはどの２つの大会か。）
答：① 汉字听写大会和成语大会。（漢字書き取り大会と成語大会。）
❷ 成语大会和谜语大会。（成語大会となぞなぞ大会。）
③ 谜语大会和地名大会。（なぞなぞ大会と地名大会。）
④ 地名大会和诗词大会。（地名大会と詩詞大会。）

24 (7) 問：“中国诗词大会”的比赛题有几类？
（「中国詩詞大会」の問題は何種類あるか。）

答：① 三类。(3種類。)
② 四类。(4種類。)
❸ 五类。(5種類。)
④ 七类。(7種類。)

25 (8) 問：累计在电视台参加诗词大会的有多少人？
(累計でテレビ局で中国詩詞大会に参加した人は何人か。)
答：① 60人。(60人。)
② 100人。(100人。)
③ 120万人。(120万人。)
❹ 6000人。(6,000人。)

26 (9) 問："诗句接龙"和"对句题"有什么共同点？
(「詩句しりとり」と「対句問題」にはどのような共通点があるか。)
答：① 参加的人相同。(参加する人が同じ。)
② 诗句的第一个字和最后一个字一样。
(詩句の最初の文字と最後の文字が同じ。)
❸ **先说的人决定后说的人的内容。**
(先に詠んだ人が後に詠む人の内容を決める。)
④ 说出的诗句字数一样。(口にする詩句の字数が同じ。)

27 (10) 問：与本文内容不相符的是以下哪一项？
(本文の内容と一致しないものは，次のどれか。)
答：❶ **五个大会都已经结束了。**(5つの大会はすべてすでに終了している。)
② 识别题里含有改变了顺序的诗句。
(識別問題は順序を変えた詩句を含んでいる。)
③ 可以用同一首诗做不同的比赛题。
(同じ詩を異なる競技の問題に使用することができる。)
④ 答题的时间因题型而异。(回答時間は問題の形式によって異なる。)

2 **500字程度の文章を聞いたあと，指定された5か所の文を漢字で書き取ります。全体の内容を理解しながら，正しく漢字で書く能力を問います。**(各10点)

37 古往今来，人们对长寿的追求从未停止过。(1)尽管至今没有谁长生不老，但调整生活方式、心理状态能够延长寿命，这是确定无疑的。一位百岁老人公开了他的长寿秘诀，他既抽烟也喝酒，但是有件事从来不做，那就是生气。

38 (2)俗话说“气大伤身”，还说“笑一笑，十年少”。生气危害健康，欢笑才能使人年轻。生气的时候，人们会感觉到自己的青筋暴起，这其实就是在危害血管的健康。经常生气，很容易引起或加重高血压、高血糖、高血脂的“三高”，导致心血管和脑血管的疾病。这位长寿老人，(3)慈祥和善，心胸开阔，几乎没有生过气，周围的人每次看到他都是笑容满面，乐呵呵的。要想健康长寿，就要常年保持这样乐观的心态。

39 这位老人在生活上，还有一些自己独特的习惯，也都很值得借鉴。(4)首先是早睡早起，每天都做些力所能及的运动，几十年如一日，不论刮风下雨，从未间断过。其次是“早饭吃得好，午饭吃得饱，晚饭吃得少”，尤其是重视早饭。每天的早饭都少不了鸡蛋、牛奶和新鲜蔬菜。(5)午饭丰盛一些，每顿都离不开鱼虾和肉类，除了米饭和面食之外，还时常吃点儿粗粮。第三是每天都睡午觉。睡醒之后出去锻炼一会儿，回来后喝咖啡、吃水果。晚饭主要吃容易消化的面条儿和粥等。

訳：昔から今まで，人々の長寿に対する追求はやむことはない。(1)現在でも長生きして年をとることがない人はいないけれども，生活方式や心理状態の調整を通して寿命を延ばすことができることは，疑いない。ある百歳の老人はタバコも吸うし酒も飲むが，その長寿の秘訣として，あることは絶対にやらない，それは怒ることだと明らかにした。

(2)ことわざで「怒り過ぎると体を害する」とか「少し笑えば十年若くなる」と言うように，怒りは健康に害を及ぼし，楽しく笑うことこそ人を若くさせるのである。怒ったとき，人々は自分の青筋が激しく立ったように感じるであろうが，それは実は血管の健康に危害を及ぼしているのである。いつも怒っていると，高血圧，高血糖，高血中脂肪という「3高」を引き起こしたり症状を重くしやすく，心臓の血管や脳の血管の病気を招くこととなる。この長寿の老人は，(3)慈悲深く穏やかで，度量が広く，ほとんど怒ったことがなく，周りの人はいつも彼が満面の笑みをたたえ，とても楽しそうなのを目にする。健康で長生きしたければ，一年中このような楽観的な心の状態を保たなければならない。

この老人は生活の面において更にいくつかの独自の習慣があるのも，参考に値する。(4)まず，早寝早起きで，毎日いつも能力に応じた運動を行い，数十年一日のごとしで，風の日も雨の日も，欠かしたことがない。次に，「朝は質の良いものを食べ，昼はお腹いっぱい食べ，夜は少なめに食べる」ことで，特に朝食を重視している。毎日の朝食に玉子，牛乳，新鮮な野菜は欠かさない。(5)昼食は少し豪華で，毎回魚介類や肉類を欠かさず，米の飯や小麦粉で作ったもの以外に，しばしば雑穀類も食べる。3つ目は，毎日昼寝をすることである。目を覚ましたあとは外に出て少し運動をし，戻ったあとはコーヒーを飲んだり，果物を食べたりする。夕食は主に消化しやすい麺類やかゆなどを食べている。

筆　記 （⇨問題 5 頁）

1 800 字程度の文章を読み，流れをつかんで適当な語句を補う 8 問，正しいピンインを選ぶ 1 問，内容の理解を問う 1 問に答えます。語句の知識と読解力を問います。

（各 2 点）

解答：(1) ❹　(2) ❸　(3) ❷　(4) ❷　(5) ❷　(6) ❹　(7) ❸　(8) ❶　(9) ❶　(10) ❸

1852 年秋天，大作家屠格涅夫在无意间捡到了一本杂志。他随手翻了几页，被一篇题名为《童年》的小说所吸引。作者是一个 [(1)默默无闻] 的小辈，但屠格涅夫却对他的才华十分欣赏。他四处打听，得知作者是一个由姑母抚养长大的青年。屠格涅夫几经 [(2)周折]，找到了作者的姑母，表达了他的肯定与鼓励，[(3) a 叫] 作者的姑母转达。姑母马上写信告诉侄儿："你的处女作受到了大名鼎鼎的屠格涅夫的称赞。他说：你如果能继续写下去，前途一定不可限量。" 作者收到信后欣喜若狂。他本来是为了排遣生活的苦闷而写的《童年》，屠格涅夫的欣赏，[(3) b 使] 他有了自信，[(4)一下子] 点燃了他的创作热情，于是一发而不可收地写了下去，完成了四卷本的长篇巨著《战争与和平》。他就是闻名世界的文学家列夫 · 托尔斯泰。

作家林清玄早年做记者时，曾写过一个小偷作案的报道。这个小偷偷东西的手法细腻严谨，行窃 [(5)上] 百起才被发现。在报道的最后，林清玄情不自禁地感叹："如此细密的心思、灵巧的手法，[(6)不管／无论／也许] 做任何一行都会做出成绩吧！" 他不曾想到，自己无心写下的这几句话，竟影响了一个青年的一生。现在，当年的小偷已经成了一家大公司的老板。在一次邂逅中，他(7)诚挚 chéngzhì 地对林清玄说："林先生的那些话，[(3) c 让] 我深受触动。我想，自己为什么要做小偷，而不去做正当的事呢？从那以后，我 [(8)脱胎换骨／悔过自新／改邪归正]，重新做人，才有了今天。" 这从另一个不同的角度，证明了欣赏的力量。

在生活中，每个人都渴望得到别人的欣赏，同样，每个人也都应该学会欣赏别人。欣赏者通过欣赏在 [(3) d 使] 自己的鉴赏能力得到提高的同时，表达自己的仁爱之心，[(9)给] 别人 [(9)以] 鼓励；被欣赏者则由此产生奋进之力，向上之志。可以说，欣赏别人是做人的一种美德，被人欣赏是人生的一大幸事。

訳：1852 年秋，大作家のツルゲーネフはたまたま 1 冊の雑誌を拾った。彼は無造作に何ページかめくると，『幼年時代』というタイトルの小説に引きつけられた。作者は全く無名の若者であったが，ツルゲーネフはその若者の優れた才能を高く評価した。彼はあちこちで尋ね，その作者が叔母に育てられて大きくなった青年であることを知った。ツルゲーネフは紆《う》余《よ》曲折を経て，その作者の叔母を探し当て，自分が認めていることと励ましの気持ちを伝え，叔母から伝言してもらった。叔母はすぐに手紙で甥《おい》に「あなたの処女作があの有名なツルゲーネフの称賛を受けたのよ。彼は，あなたがもし書き続けることができるなら，その前途はきっと計り知れないと言っているわ」と教えた。作者は手紙を受け取ると夢中になって喜んだ。彼はもともと生活の苦悩の憂さを晴らすために『幼年時代』を書いたのであるが，ツルゲーネフの称賛によって，自信をもつようになり，一気にその創作意欲に火がついたので，動き出したら止まらない勢いで書き続け，4 巻からなる長編の大作『戦争と平和』を完成させた。彼こそが世界的に有名な文学者レフ・トルストイであった。

作家の林清玄は若いころに記者をしていたとき，ある泥棒が罪を犯したニュース原稿を書いたことがあった。その泥棒が物を盗んだ手口は念が入って手抜かりがなく，犯行が百に上って初めて見つかった。報道の最後に，林清玄は思わず「こんなに綿密なたくらみ，巧妙な手口なら，どんな仕事をやっても成績を残せるだろう！」と感嘆した。彼は，自分が何の気なしに書いたこの言葉が，ある青年の一生に影響を与えるとは，思いも寄らなかった。現在，当時の泥棒はすでにある大企業の社長になっていた。ある偶然の出会いで，彼は真《しん》摯《し》に林清玄に「林さんのその話に，わたしは深く心を打たれた。思うに，自分がなぜ泥棒をしようとして，正しい事をしなかったのか。それ以後，わたしは心を入れ替えて，真人間に生まれ変わったので，きょうという日があるのです」と言った。これは別の角度から見れば，評価することの力を証明しているのである。

生活の中で，誰もが他人の評価を渇望し，同様に，誰もが他人を評価することを身に付けなければならない。評価する者は評価を通して自分の鑑賞能力を高められると同時に，自分の思いやりの心を伝え，他人に励ましを与える。評価される者はそれにより奮い立ち前進する力と向上する意志を生む。他人を評価するのは人としての一種の美徳であり，評価されるのは人生で大きな喜ぶべき事なのである。

(1) 空欄補充

① 一言不发 yìyán-bùfā　② 默不作声 mòbúzuòshēng

③ 一声不响 yìshēng-bùxiǎng　❹ 默默无闻 mòmò-wúwén

四字熟語の問題です。「名前が世に知られていないこと」という意味の“默默无闻”が正解です。“一言不发”は「ひと言もものを言わない」，“默不作声”は「うんともすんとも言わない」，“一声不响”は「一声も出さない」です。

(2) 空欄補充

① 周转 zhōuzhuǎn　② 转折 zhuǎnzhé

❸ 周折 zhōuzhé　④ 夭折 yāozhé

「紆余曲折」という意味の“周折”が正解です。“周转”は「(資金などの) やりくりをする」，“转折”は「(方向や情勢が) 転換する」，“夭折”は「途中で失敗する」です。

(3) 空欄補充

① a 使 shǐ　b 叫 jiào　c 叫　d 让 ràng　❷ a 叫　b 使　c 让　d 使

③ a 让　b 使　c 使　d 叫　④ a 叫　b 让　c 使　d 叫

a は「動作・行為をさせる」で，“叫”あるいは“让”で表し，b，c は「客体（被使役者）に変化をさせる」で，主に“使”“让”あるいは“叫”で表し，d は「主体（使役者自身）に変化をさせる」で，“使”あるいは“让”で表します。“使”は非動作的（静的）な感情や気持ちを表す語と結び付いて用いられるため，①a で「動作をさせる」ことを表せず，③④の d で“叫”は「主体に変化をさせる」意味として使用できないので，②が正解です。

(4) 空欄補充

① 一口气 yìkǒuqì　❷ 一下子 yíxiàzi

③ 一阵风 yízhènfēng　④ 一溜烟 yíliùyān

副詞の問題です。「一気に」という意味の“一下子”が正解です。“一口气”は「一息で」，“一阵风”は動作が速いさまを表し「風のように」，“一溜烟”は「一目散に」です。

(5) 空欄補充

① 下 xià　　❷ 上 shàng　　③ 多 duō　　④ 余 yú

数詞の前に付けて「ある一定の数量に達する」という意味を表す“上”が正解です。“下”は否定の形“不下”で数詞の前に付けて「…を下らない」という意味を表しますが，“下”だけで使うことはできません。“多”“余”は数詞の後に付けて「…余り」を表します。

(6) 空欄補充（不適当）

① 无论 wúlùn　　② 不管 bùguǎn　　③ 也许 yěxǔ　　❹ 即使 jíshǐ

“无论”“不管”は「…にかかわらず」，“也许”は「もしかしたら…かもしれない」で，三者とも副詞の“都”と呼応し，「全面的な可能性」を表します。“即使”は「たとえ…でも」で“都”とは呼応しません。

(7) ピンイン表記

① chéngshì　　② chèngshì　　❸ chéngzhì　　④ chèngzhì

“诚挚”は「真摯だ」という意味の形容詞です。

(8) 空欄補充（不適当）

❶ 辞旧迎新 cíjiù-yíngxīn　　② 脱胎换骨 tuōtāi-huàngǔ

③ 悔过自新 huǐguò-zìxīn　　④ 改邪归正 gǎixié-guīzhèng

“脱胎换骨”は「身も心もすっかり入れ替える」，“悔过自新”は「過ちを悔い改めて新しく出直す」，“改邪归正”は「悪事から足を洗って正道に立ち返る」で，三者とも「新たな出発」を表します。“辞旧迎新”は「旧年を送り新年を迎える」ですので，適当ではありません。

(9) 空欄補充

❶ 给 gěi…以 yǐ…　　② 把 bǎ…当 dàng…

③ 为 wèi…而 ér…　　④ 以 yǐ…为 wéi…

「…に…を与える」という意味の“给…以…”が正解です。「与える」対象に言及する場合には，「“给”＋与える対象＋“以”＋与える事物」の形をとります。“把…当…”は「…を…とする」，“为…而…”は「…のために…する」，“以…为…”は「…をもって…とする」です。

⑽ 内容一致

① 因为《童年》是作者的第一部小说，所以受到了屠格涅夫的欣赏。
（『幼年時代』は作者の最初の小説だったので，ツルゲーネフに評価された。）

② 在姑母的鼓励下，托尔斯泰完成了《战争与和平》。
（叔母の励ましの下，トルストイは『戦争と平和』を完成させた。）

❸ **有的时候，欣赏和被欣赏都可能改变人的一生。**
（時には，評価することと評価されることは人の一生を変えることができる。）

④ 为了得到别人的欣赏，应该学会欣赏别人。
（他人の評価を得るためには，他人を評価する方法を学ぶべきである。）

①は第１段落で作者の処女作は『幼年時代』という記述がありますが，それが理由でツルゲーネフに評価されたのではありません。②は第１段落に“屠格涅夫几经周折，找到了作者的姑母，表达了他的肯定与鼓励”“屠格涅夫的欣赏，使他有了自信，一下子点燃了他的创作热情”とあり，トルストイが『戦争と平和』を完成させたのは，ツルゲーネフの励ましがあったからであることが分かります。第３段落前半に“每个人都渴望得到别人的欣赏，同样，每个人也都应该学会欣赏别人”とありますが，この内容は④のように「他人の評価を得るために他人を評価する方法を学ぶ」ことではありません。この文章の中では「ツルゲーネフの評価と励ましでトルストイは世界的に有名な作家になり，また，泥棒は林清玄に評価されて社長になり，それぞれの人生を変えた」ことが述べられており，③が内容と一致します。

2 **適当な語句を補います。読解力と語句の知識を問います。** （各２点）

解答：⑴❶ ⑵❹ ⑶❶ ⑷❹ ⑸❸ ⑹❷ ⑺❹ ⑻❶ ⑼❸ ⑽❸

⑴（ 依 ）我看这件事儿这么办不妥，赶紧想别的办法吧。
（わたしの見るところでは，この事をそのようにやるのは適切ではないので，できるだけ早く別の方法を考えましょう。）

❶ 依 yī　② 自 zì　③ 从 cóng　④ 随 suí

「…に基づいて」という意味の“依”が正解です。“自”は「…より」，“从”は「…から」，“随”は「…に従って」です。

⑵ 如果还没考虑成熟，就不要（ 贸然 ）行动。

（もしまだ考えがまとまっていないのであれば，軽率に行動しないように。）

① 浑然 húnrán　② 截然 jiérán　③ 猛然 měngrán　❹ 贸然 màorán

「軽率に」という意味の“贸然”が正解です。“浑然”は「全く」，“截然”は「明らかに」，“猛然”は「突然に」です。

(3) 我正在算账，忙得要命，哪有工夫和你聊天儿，你就别来（ 凑热闹 ）了。
（わたしはちょうど計算しているところで，忙しくてたまらず，あなたと話す暇などないので，邪魔をしないでくれ。）

❶ 凑热闹 còu rènao　② 凑份子 còu fènzi
③ 凑数儿 còushùr　④ 凑整儿 còuzhěngr

「騒いで邪魔をする」という意味の“凑热闹”が正解です。“凑份子”は「金を出し合う」，“凑数儿”は「頭数をそろえる」，“凑整儿”は「付け足して切りのいい数にする」です。

(4) 原来是这么回事儿，我理解错了。听了老师的解释，才（ 恍然大悟 ）。
（そういうことだったのか，わたしの理解が間違っていた。先生の説明を聞いて，はっと悟った。）

① 一目了然 yímù-liǎorán　② 大惑不解 dàhuò-bùjiě
③ 异想天开 yìxiǎng-tiānkāi　❹ 恍然大悟 huǎngrán-dàwù

「はっと悟る」という意味の“恍然大悟”が正解です。“一目了然”は「一目瞭然」，“大惑不解”は「全く理解に苦しむ」，“异想天开”は「奇想天外だ」です。

(5) 这个十字路口，昨天晚上发生了一（ 起 ）交通事故，还好没有人伤亡。
（この十字路で，きのう交通事故が起こったが，幸い死傷者はいなかった。）

① 股 gǔ　② 则 zé　❸ 起 qǐ　④ 阵 zhèn

事件や事故などを数える“起”が正解です。“股”は匂い，力，感情などを，“则”は項目や段落を成す文章を，“阵”は一定時間続く事物，現象，動作を数えます。

(6) 他们之间有一些（ 成见 ），经过几次交谈，澄清了误会，现在终于互相谅解了。（彼らの間には先入観があったが，何度か話し合いをして，誤解を解いたので，今ではついに互いに許し合っている。）

① 远见 yuǎnjiàn　❷ 成见 chéngjiàn　③ 互见 hùjiàn　④ 短见 duǎnjiàn

「先入観」という意味の“成见”が正解です。“远见”は「先々までの見通し」，“互见”は「互いに説明し補足し合うこと」，“短见”は「浅はかな考え」です。

⑺ 这孩子（ 嘴硬 ），明明自己算错了，就是死不承认。
（この子は強情で，明らかに自分が計算し間違っていても，頑として認めない。）

① 嘴尖 zuǐjiān　② 嘴笨 zuǐbèn　③ 嘴严 zuǐyán　❹ 嘴硬 zuǐyìng

「強情だ」という意味の“嘴硬”が正解です。“嘴尖”は「口が悪い」，“嘴笨”は「口下手だ」，“嘴严”は「口が堅い」です。

⑻ 虽然过去三十多年了，我父亲对当时的情景还记得（ 一清二楚 ）。
（30年余りが過ぎたが，父は当時の情景をまだはっきりと覚えている。）

❶ 一清二楚 yīqīng-èrchǔ　② 一丝不苟 yìsī-bùgǒu
③ 一清二白 yìqīng-èrbái　④ 一毛不拔 yìmáo-bùbá

「はっきりしている」という意味の“一清二楚”が正解です。“一丝不苟”は「仕事が入念で少しもいい加減でない」，“一清二白”は「極めて潔白だ」，“一毛不拔”は「ひどくけちだ」です。

⑼ 刚和女朋友分手那几天，他总也放不下那件事儿，上课时常常（ 开小差儿 ）。（ガールフレンドと別れたばかりの数日の間，彼はどうしてもその事を忘れられず，授業中いつもうわの空だった。）

① 耍花招儿 shuǎ huāzhāor　② 做手脚 zuò shǒujiǎo
❸ 开小差儿 kāi xiǎochāir　④ 打埋伏 dǎ máifu

「気が散る」という意味の“开小差儿”が正解です。“耍花招儿”は「小細工をする」，“做手脚”は「こっそり手を回す」，“打埋伏”は「待ち伏せする」です。

⑽ 弟弟年轻（ 气盛 ），说话不考虑别人的感受，常常惹人不高兴。
（弟は若くて気が短く，話すときに他人の気持ちを考慮しないので，いつも人の気分を害する。）

① 气短 qìduǎn　② 气急 qìjí　❸ 气盛 qìshèng　④ 气愤 qìfèn

「気が短い」という意味の“气盛”が正解です。“气短”は「意気消沈する」，“气急”は「息切れする」，“气愤”は「腹を立てる」です。

3 正しく解釈した文を選びます。語句の意味についての知識を問います。(各2点)

解答：(1)❸ (2)❷ (3)❷ (4)❸ (5)❷ (6)❹ (7)❶ (8)❹

(1) 从大一开始，他就在学校附近的手机店打工，对各种手机了如指掌。
(大学1年のときから，彼は学校の近くの携帯電話の店でアルバイトをしており，各種の携帯にとても詳しい。)

① 经常拿在手上摆弄。(いつも手に持っていじっている。)
② 能够指出事物的优缺点。(物事の長所や欠点を指摘できる。)
❸ 对事物了解得非常清楚。(物事についてとても詳しく知っている。)
④ 只了解事物的一部分。(物事の一部分しか知らない。)

「手のひらを指して人に説明できるぐらい事情に明るい」という意味です。

(2) 最近几年，各种脱口秀在美国各大都市的电台、电视台很常见，也很引人注目。(最近数年，さまざまなトークショーがアメリカの各大都市のラジオ局，テレビ局でよく見聞きされ，また注目を集めている。)

① 不用底稿的朗诵。(準備原稿を用いない朗誦。)
❷ 以现场谈话为主的节目。(生の談話・対談などを主とした番組。)
③ 随时播报的新闻。(随時放送されるニュース。)
④ 按事先安排举行的讲演。(予定どおりに行われる講演。)

英語“talk show”の音訳です。

(3) 谁都知道老李是个热衷于鸡蛋里挑骨头的人，大家都对他敬而远之。
(李さんが人のあら探しをするのに夢中なのは誰でも知っているので，みんな彼を敬遠している。)

① 比喻想弄清事物的详情。(事物の詳細をはっきりさせたいたとえ。)
❷ 比喻故意找差错。(わざと間違いを探すたとえ。)
③ 比喻和别人说话时指手画脚。
(人と話すときジェスチャーたっぷりに話すたとえ。)
④ 比喻做事精益求精。(仕事に念には念を入れるたとえ。)

「他人のあら探しをする」という意味です。

(4) 治理河流污染，要制定长远规划，逐步落实，水到渠成，不能急功近利。（河川の汚染を治めるには，長期的な計画を立て，一歩一歩着実に行うべきで，そうすれば自然に成就するので，目先の成功と利益を求めるのを急いではいけない。）

① 比喻只要坚持到最后，事情就会成功。
（最後まで頑張りさえすれば，物事は成功するであろうたとえ。）

② 比喻只有修好水渠，才能治理污染。
（用水路を修理して，初めて汚染を治めることができるたとえ。）

❸ **比喻条件成熟，事情自然会成功。**
（条件が整えば，物事は自然に成功するたとえ。）

④ 比喻如果能抓住关键，就能从根本上解决问题。（もしキーポイントをつかむことができれば，根本的に問題を解決できるたとえ。）

「水が流れてくれば用水路はできる」から，「時機が熟すれば，物事は自然に成就する」という意味で使われます。

(5) 理事会是经过几次海选产生的，得到了公司全体员工的信任。
（理事会は数回の不特定多数の候補者に対する選挙によって生まれたもので，会社全体の従業員の信任を得た。）

① 指定若干个候选人，得票多者当选的选举。
（数名の候補者を指定し，得票が多い者を当選とする選挙。）

❷ **不指定候选人，得票多者当选的选举。**
（候補者を指定せず，得票が多い者を当選とする選挙。）

③ 经过广泛的竞选活动之后的选举。（広範囲の選挙運動を経たあとの選挙。）

④ 选举人不必在选票上署名的选举。
（選挙する人が投票用紙に署名する必要がない選挙。）

「候補者を指定せず，直接選挙で得票が多い者を当選とする選挙」という意味です。

(6) 我这个人很窝囊，什么事儿也办不成。
（わたしという人間はとても意気地なしで，何事も成しえない。）

① 出不了家门。（家から出られない。）

② 经常被误解。（よく誤解される。）

③ 没有专长。（特技がない。）

❹ **胆小无能。**（臆病で能力がない。）

期待したほど意気地がなく，がっかりさせられることで，「ふがいない」という意味です。

(7) 这次火灾之后，我们要提高安全生产意识，千万别好了伤疤忘了疼。（今回の火災事故のあと，我々は安全に生産する意識を高めなければならず，絶対に「のど元過ぎれば熱さを忘れる」であってはいけない。）

❶ 比喻不从过去的错误中吸取教训。
（過去の間違いの中から教訓をくみ取らないたとえ。）

② 比喻失败了也坚持做下去。（失敗しても頑張ってやり続けるたとえ。）

③ 比喻害怕犯同样的错误。（同じような間違いを犯すのを怖がるたとえ。）

④ 比喻不能利用以前的经验。（これまでの経験を利用できないたとえ。）

「のど元過ぎれば熱さを忘れる」という意味で，過去の過ちや苦しい経験の中から教訓をくみ取れないたとえです。

(8) 她是独生女，父母从小就惯着她，对这个女儿百依百顺。（彼女は一人っ子で，両親は小さいころから彼女を甘やかし，何事も娘の言うがままにしてきた。）

① 对正确做法予以鼓励。（正しいやり方に励ましを与える。）

② 培养独立性。（独立性を養う。）

③ 督促养成好习惯。（よい習慣を身に付けるよう注意する。）

❹ 纵容养成不良习惯或作风。（よくない習慣や態度の養成を容認する。）

「甘やかす」です。ここでは「相手の悪い習慣や態度をそのままにしておく」という意味です。

4 **600字程度の文章を読み，2か所のピンインを漢字に改め，2つの文を日本語に訳します。全体の内容を理解しながら，正しく漢字で書く能力，日本語の翻訳力を問います。**

（(a)(b)各2点，(1)(2)各8点）

在中国的古书《列子》里，有一个杞人忧天的故事。说的是杞国有一个人，总是担心天会塌下来，整天生活在忧虑之中。忧虑是人类的天敌，它剥夺我们的快乐，使人失去生活的勇气和活力。忧虑者整天忧心忡忡，魂不守舍，似乎总在期待着灾难的降临，而不能充分享受生活。他们总带着一种不安揣测明天，比如：“得了(a)búzhìzhīzhèng（不治之症）怎么办？”“遇到交通事故怎么办？”等等。(1)实际上天晓得这些事情是否会发生，即使发生了，到时候再考虑对策也为时不晚。

对于勇敢者来说，真的遇到了灾难或者发生了什么不幸的事，他也能鼓起勇气，勇敢地面对，战胜困难，超越不幸，不向命运低头。一个人如果有坚定的意志，有自己追求的目标，就没有任何力量能让他哀声叹气，忧虑重重，消极(b) tuìquè(退却)。(2)一个人要是缺乏勇气，那么他就会在忧虑中度日如年，失去一切成功的机会，从而不能享受生活的快乐。每个人都应该清醒地认识到，忧虑对生活毫无意义，生活不会因为你的忧虑而有所改变。

訳：中国語の古典『列子』の中に，杞人天を憂うという故事がある。その話では，杞の国のある人が，天が落ちて来るのではないかといつも心配し，一日中心配しながら生活していた。憂慮は人類の天敵であり，我々の楽しさを奪い，生活の勇気と活力を失わせる。憂慮に陥る人は一日中心配で気が気ではなく，うわの空になり，いつも災難が訪れることを期待してしまうようで，生活を十分に楽しむことができない。彼らはいつも一種の不安を抱いて，例えば「不治の病にかかったらどうしよう」「交通事故に遭ったらどうしよう」などとあすを憶測するのである。(1)実際には，これらのことが起こりうるかどうかは神のみぞ知るで，たとえ本当に起こったとしても，そのときになってから対策を考えても遅くはない。

勇敢な人について言えば，本当に災難に出遭ったり不幸なことが起きたとしても，彼は勇気を出して勇敢に向き合い，困難を克服し，不幸を乗り越え，運命に頭を下げない。人間はもししっかり固い意志をもち動揺せずに自分の目標を追い求めるならば，いかなる力もその人を悲しませ，憂慮が次から次へと重なり，消極的に尻込みさせることはない。(2)人間はもし勇気に欠けていたならば，憂慮の中を一日が一年のように長く感じるように過ごし，すべての成功の機会を失うので，生活の楽しさは享受できなくなる。誰もがみな，憂慮が生活にとって少しも意味がなく，生活はあなたの心配のために変えられるはずはないことを冷静に受け止めなければならない。

(a)・(b)，(1)・(2)　上記参照

(a)“不治之症”は「不治の病」，(b)“退却”は「尻込みする」という意味の動詞です。

(1)“天晓得”は「神のみぞ知る」，“即使…也…”は「たとえ…でも…」，“为时不晚”は「そのときでも遅くはない」という意味です。

(2)文頭の“一个人”は不特定の「人」や「人間」を指します。“度日如年”は「一日が一年のように長く感じるように過ごす」，“从而”は「し

たがって」という意味です。

5 **100 字程度の日本語の文章２題を中国語に訳し，指定された３つの語句を使用して１つの事柄について作文します。会話，手紙，論説などの少しまとまった長さの文章を組み立てる能力を問います。** （各８点）

(1) 新型コロナウイルスの影響で原油が余り，原油価格が急落したため，産油国は大打撃を受けた。その後，ワクチン接種が進んだことで世界経済は再び回り始め，エネルギーに対するニーズが急増したことにより，小売価格も大幅に上昇した。

由于新冠病毒的影响，原油过剩，价格暴跌，产油国受到了很大的打击。此后，随着疫苗接种的推进，全球经济开始重新运转，对能源的需求激增，零售价格也大幅度上涨了。

「新型コロナウイルス」は“新冠病毒”,「(価格が) 急落する」は“暴跌”を用います。「ワクチン」は“疫苗”,「(経済が) 回る」は“运转”,「小売」は“零售”を用います。

(2) アニメは外国人が日本に興味を持つきっかけとなっている。その中でも特にヨーロッパや中国大陸を中心とする中華文化圏で人気を博していると言われている。最近では，ファンがアニメの舞台となった場所を巡る旅行も盛んに行われている。

动漫成了外国人对日本感兴趣的契机。据说在欧洲和以中国大陆为中心的中华文化圈里特别有人气。最近，动漫迷们探访作为动漫舞台的景点的旅行也很盛行。

「アニメ」は“动漫”,「きっかけ」は“契机”,「…と言われている」は文頭に“据说”を用います。「…（の）ファン」は“…迷”,「巡る」は“探访”,「盛んに行われる」は“盛行”を用います。

(3)「グローバル化」について “跨文化”“障碍”“协助”を使用

（作文例）**世界各国应该重视彼此间的协助与交流，加深跨文化的沟通与合作，只有加强团结，减少冲突，消除偏见与障碍，才能实现真正意义上的全球化。**（世界各国はそれぞれの間の協力と交流を重視し，異文化間のコミュニケーションと協力を深めなければならず，団結を強め，衝突を減らし，偏見と障害を除いて初めて，本当の意味での世界のグローバル化を実現することができるのである。)

“跨文化”は「異文化間の」という意味で“沟通”(意思疎通する)などの語と組み合わせることができます。“障碍”は「障害」ですので“消除”(取り除く)などの語とつながります。また,「グローバル化」は“全球化”“国际化”などを用い,その実現のために世界各国の“协助”(協力)などの語を使用します。

準1級第107回

(2022年11月)

問　題

解答時間：計120分

配点：リスニング100点，筆記100点

解答と解説

リスニング

（⇨解答と解説44頁）

03 **1** 中国語を聞き，(1)～(10)の問いの答えとして最も適当なものを，①～④の中から1つ選びなさい。 (50点)

04
12

05
13

06
14

07 (1)
15 ①　②　③　④

08 (2)
16 ①　②　③　④

09 (3)
17 ①　②　③　④

10 (4)
18 ①　②　③　④

11 (5)
19 ①　②　③　④

20
28

21
29

22
30

23 (6)
31 ① ② ③ ④

24 (7)
32 ① ② ③ ④

25 (8)
33 ① ② ③ ④

26 (9)
34 ① ② ③ ④

27 (10)
35 ① ② ③ ④

36 **2** 中国語を聞き，その中から指定された 5 か所を漢字で書き取りなさい。 (50 点)

37

45

38

46

39

47

40

41

42

43

44

筆　記 （⇨解答と解説52頁）

1 次の文章を読み，(1)～(10)の問いの答えとして最も適当なものを，①～④の中から1つ選びなさい。 (20点)

茶产自中国，初时作为药用，后来才成为日常的饮品。禅亦是中国特产，是印度佛教本土化的结果。宋代以后，禅飘洋过海来到东瀛，与茶奇妙地结合在一起，[(1)]了“茶道”。汉语的“道”被认为是世间万物运行的轨迹，规定和制约一切事物。然而所谓“茶道”并没有那么至高无上，不过是借助茶而寻求禅之精神的过程而已。

说起日本的茶道，千利休[(2)]是一个无法绕过的人物。千利休在前辈茶人的思想基础上，将茶与禅结合得更为紧密，并将“侘茶”进一步发扬光大，成为茶道文化的集大成者。千利休追求的是毫无[(3)]的清寂之美，他所举办的以隐逸思想为背景的茶会，与早前流行的书院式茶会完全相反，一扫豪华(4)奢靡的风气，转向质朴自然；强调内在意蕴，使茶彻底摆脱了普通饮品的身份，变成求“道”的手段。

与战国三杰之一的丰臣秀吉的“合作”，使千利休[(5)]，成为日本第一茶人。但千利休和丰臣秀吉毕竟是两种不同的人物，一个是[(6)]从容的茶人，一个是充满野心的政治家。当茶道有违政治需求时，二者之间的矛盾自然不可避免。[(7)]的千利休在性格上也有着倔强、傲慢的一面。当权者冲撞他的茶道时，他断然不会忍受。关于千利休惹恼丰臣秀吉而被迫切腹自杀的原因，可谓[(8)]。但不管怎样，千利休终究是死于丰臣秀吉的淫威之下。而丰臣秀吉在命令千利休自杀的同时，也将自己钉在了历史的耻辱柱上。

茶道影响了日本人的思想，更影响了日本人的文化。茶道从茶出发，及于世间一切，日本的建筑、美食、文化、器物，[(9)]受其影响，日本文化借由茶道发展，形成独特的审美风格。所以，我们不难理解日本文学作品中的唯美，不难理解日本设计里透露出的极简主义，不难理解日式料理的精致……，这些都是从一杯茶里喝出来的。

⑴ 空欄⑴を埋めるのに適当なものはどれか。

① 生来　② 生育　③ 生成　④ 生根

⑵ 空欄⑵を埋めるのに適当なものはどれか。

① 注定　② 注重　③ 注册　④ 注目

⑶ 空欄⑶を埋めるのに適当なものはどれか。

① 造型　② 造化　③ 造诣　④ 造作

⑷ 下線部⑷の正しいピンイン表記はどれか。

① shèmǐ　② shēmí　③ shēmǐ　④ shèmí

⑸ 空欄⑸を埋めるのに適当なものはどれか。

① 平起平坐　② 平地风波　③ 平分秋色　④ 平步青云

⑹ 空欄⑹を埋めるのに適当なものはどれか。

① 恬淡　② 惨淡　③ 清淡　④ 冷淡

⑺ 空欄⑺を埋めるのに適当なものはどれか。

① 才疏学浅　② 唯才是举　③ 才华横溢　④ 人尽其才

⑻ 空欄⑻を埋めるのに適当なものはどれか。

① 说三道四　② 信口开河　③ 道听途说　④ 众说纷纭

⑼ 空欄⑼を埋めるのに適当なものはどれか。

① 莫非　② 莫不　③ 莫如　④ 莫大

⑽ 本文の内容と一致するものはどれか。

① 千利休在日本文化中的地位无足轻重。

② 丰臣秀吉最终因杀千利休而彪炳千秋。

③ 千利休与丰臣秀吉分道扬镳是必然的。

④ 日本餐饮文化的精髓可谓非茶道莫属。

2 (1)～(10)の中国語の空欄を埋めるのに最も適当なものを，①～④の中から１つ選びなさい。 (20点)

(1) 请大家先休息（　　　），一会儿再继续开会。

① 片刻　② 立刻　③ 即刻　④ 顷刻

(2) 那个说起话来（　　　）十足的年轻人究竟是谁啊？

① 底线　② 家底　③ 底气　④ 班底

(3) 这种时候咱们应该鼓励，而不是（　　　）他。

① 吃苦　② 刻苦　③ 诉苦　④ 挖苦

(4) 进公司不到一年的小王被（　　　）提拔为销售经理了。

① 破案　② 破例　③ 破获　④ 破晓

(5) 无论老师怎么解释，他就是不（　　　），真没办法。

① 开通　② 开导　③ 开窍　④ 开明

(6) 这么重要的事我们都无权决定，必须总经理（　　　）。

① 拍板　② 拍案　③ 叫阵　④ 叫板

(7) 你别在这儿（　　　）那点儿学问了，他们可都是专家啊。

① 捉弄　② 摆弄　③ 玩弄　④ 卖弄

(8) 犯了错误就该直接承认，不要拿别人当（　　　）。

① 回马枪　② 试金石　③ 挡箭牌　④ 敲门砖

(9) 这篇（　　　）的文章刚一发表，就受到广泛的关注。

① 发扬光大　② 发人深省　③ 奋发图强　④ 精神焕发

(10) 那个人的思想十分陈旧，跟今天的社会（　　　）。

① 格格不入　② 依依不舍　③ 惴惴不安　④ 喋喋不休

3 ⑴～⑻の中国語の下線部の説明として最も適当なものを，①～④の中から１つ選びなさい。 (16点)

⑴ 说起他的吝啬来，绝对是一般人难以想象的。

① 指非常大方。
② 指过分小气。
③ 指特别豪爽。
④ 指十分认真。

⑵ 作为当代的鸿儒，他在中国可以说是一个家喻户晓的人物。

① 指学识渊博的学者。
② 指孔子的后世子孙。
③ 指举止优雅的绅士。
④ 指健康长寿的老者。

⑶ 昨天偶遇一个高中时的同学，我感觉她有点儿发福了。

① 比喻人幸福。
② 比喻人变老。
③ 比喻人傲慢。
④ 比喻人变胖。

⑷ 这几年，他的生意做得风生水起，令人刮目相看。

① 比喻很多人跟风模仿做某件事。
② 比喻事业遭遇意想不到的困难。
③ 比喻事情做得很好且发展很快。
④ 比喻跟普通人完全不同的风格。

(5) 出门一年多的哥哥刚回到家里，就被妈妈数落了一通。

① 指列举成绩予以夸奖。

② 指列举过失加以责备。

③ 指很犀利地加以讽刺。

④ 指很温柔地予以安慰。

(6) 男子足球队再次交白卷的结果一点儿都不令人意外。

① 比喻根本没有完成预定的任务。

② 比喻将对手打得没有还手之力。

③ 比喻因某种原因没有坚持到底。

④ 比喻取得了令人很满意的成绩。

(7) 小李常说自己就是一只井底之蛙，希望大家多多帮助。

① 比喻精力旺盛，活泼好动的人。

② 比喻意志坚强，不屈不挠的人。

③ 比喻平淡无奇，不值一提的人。

④ 比喻孤陋寡闻，见识不多的人。

(8) 他之所以会走到今天这一步，可以说完全是咎由自取。

① 指取得成绩完全是靠自己的努力。

② 指说话或办事只考虑自己的利益。

③ 指遭受灾祸或惩处是自己的责任。

④ 指完全按照自己的意愿做任何事。

4 次の文章を読み，ピンイン表記の(a)・(b)を漢字（簡体字）に改め，下線部(1)・(2)を日本語に訳しなさい。 (20点)

对一个理性的人来说，成功是时代(a)cìyǔ 的机遇，而机遇往往是一时的，是转瞬即逝的。所以，所谓成功不过是重新出发时的一个起点，一个在同一领域中稍早于或略高于别人的起点。(1)<u>珠穆朗玛峰无疑是登山者的终极目标。一旦登上了地球之巅，便不再有更高的山峰等待你去征服了。</u>但一般而言的成功则不然，它是没有终点的。成功者既有可能走向新的成功，也有可能在荣光辉煌一时后步入永远的平凡。

今天，社会对成功者的所谓关注，过于注重成功本身，而对成功者走向成功的途径(b)shúshì-wúdǔ。其实，所谓的“成功”之中是包含着诸多道德和伦理因素的。最简单的例子就是，(2)<u>我们常常宁愿多费时，多走路，甚至不惜多花钱，特意去一家商店购买一种其实随处可见的商品。</u>这里体现了我们在道德和伦理层面对这家商店的信赖和认可。在成功的问题上，道德和伦理的因素往往起着至关重要的作用。

5 (1)・(2)の日本語を中国語に訳しなさい。また，(3)の指示に従って中国語で文章を書きなさい。 (24点)

(1) 金星は，地球と構造が似ているものの，温度はかなり高い。二酸化炭素を主成分とした大気が広がっているため，温室効果により地表温度はセ氏約470度に上る。金星にはかつて海があったが，何らかの原因で極端な温室効果が進んだため蒸発したと考えられている。

(2) 日本語には2つある。1つは，有史以前から今日に至るまで，日本語として受け継がれている言葉の中心になっているもので，主に話し言葉のうちに生きている。もう1つは，書き言葉中心の日本語である。この2つの日本語は，想像以上に大きく違っている。

(3) **「育児」について，次の3つの語句をすべて使用して50字以上80字以内で書きなさい。**

※使用した語句には下線を引くこと。

句読点も1字と数えます。文頭を2マス空ける必要はありません。

“关心” “休假” “社会”

リスニング （⇨問題34頁）

1 600字程度の2つの文章を聞き，内容についての問い5問ずつに答えます。ポイントとなる内容を聞き取り，全体の趣旨をつかむ能力を問います。（各5点）

解答：(1)❷　(2)❶　(3)❹　(4)❸　(5)❷　(6)❹　(7)❷　(8)❸　(9)❶　(10)❸

(1)～(5)の中国語

04 在一个以功业和成就为人生取向，人人仰慕功成名就者的社会里，厨房是一个最不起眼的地方。一家人围着饭桌进餐时，会觉得安安静静地吃饭是一件再平常不过的事了。在享用家常便饭的同时，大概很少有人会把每天在厨房里默默劳作的母亲或妻子当成无名英雄来看待吧。

提到厨房，我们往往会想起家和亲人。这其实是人类的一种文化遗传信息。几乎每一个孩子的记忆中都有几道出自母亲之手的菜肴。这种母亲的味道会伴你终生，永不消逝。可以说，长久以来，厨房是连接家人和亲情必不可少的纽带。

05 然而，进入后工业时代的今天，厨房对于我们来说，还像从前那样不可或缺吗？答案恐怕是否定的。现在，人们越来越多地用外卖来替代厨房里的劳作；占据我们餐桌的，更多的是超市里买来的现成食品，而非出自厨房的饭菜。之所以会这样，是因为我们不愿意在厨房里耗费更多的时间，不愿被厨房的烟火弄得油腻不堪了。厨房不再被看重，不再被珍惜，有些人家里甚至连最起码的厨具都不齐全。

06 人们频繁地光顾各种餐馆，吃着按照统一标准制作的、千篇一律的饭菜。有些人只求果腹，而不在乎味道和价钱，对营养更是忽略不计。偶尔遇到类似母亲味道的菜肴，也许会感慨一番，但真正的母亲的味道从记忆中消失的步伐并未因此而有所减缓。

我真希望家里的厨房，重新成为让亲人尽情展示自己厨艺的舞台。对在充满烟火气和调料味儿的厨房里一番忙碌后为我们端上热腾腾、香喷喷的饭菜的母亲或妻子，我们不应该道一声“辛苦了”吗？

訳：大きな事業と成果を人生の目指すべきものとし，功成り名遂げた人物を敬い慕う社会では，台所は最も目立たない場所である。家族そろって食卓を囲み，食事をするときに落ち着いた穏やかな気持ちでごはんを食べることができるということは，これ以上ない日常的なことだと感じるだろう。ふだんの家の食事を楽しんでいるときに，毎日台所で黙々と働く母親や妻を無名の英雄として扱う人は少ないのではないだろうか。

台所と言えば，家庭や家族を思い浮かべることだろう。これは実際のところ人類の文化遺伝情報である。ほとんどすべての子どもの記憶にはいくつかの母親の手料理があり，このお袋の味はあなたと一生を共にし，いつまでも消えることはない。台所は大昔から家族と愛情をつなぐうえでなくてはならないきずなであると言えるだろう。

しかしながら，脱工業化社会の今日に台所はなおわたしたちにとって以前のように欠くことができないと言えるだろうか。答えは恐らくノーだろう。いまや，人々はますますテイクアウトで台所での労働に代えているし，わたしたちのテーブルを占拠するものの多くは，スーパーで買ってきた出来合いの食品であって，台所から来た料理ではない。何がそうさせているのかというと，わたしたちは台所でもうこれ以上の時間を無駄にすることを望んでいないからであり，台所の煙で油まみれになりたくないからである。台所はもはや重視されず，大切にされず，最低限の台所道具さえそろっていない家もあるくらいである。

人々は各種のレストランに足繁く通っては，画一的な基準の下に作られた似たり寄ったりの料理を食べている。ただ腹いっぱいになることだけを求め，味や値段はおかまいなし，ましてや栄養のことなど気にも留めない。たまたま母親と似た味に遭遇したら，感慨の一つも覚えようが，本当のお袋の味が記憶から消えゆく歩調が，これによって弱まるということはない。

わたしは家の台所が，改めて家族が心ゆくまで料理の腕前を披露する舞台となることを本当に願っている。煙と調味料の香りに満ちた台所で忙しく立ち働いたあとで，わたしたちのためにあつあつの良い匂いを漂わせた料理を運ぶ母や妻に対してひと言「お疲れさま」と声をかけるべきではないだろうか。

07 (1) 問：当今社会通常怎样判断一个人的价值？
(現代社会では通常一人の人間の価値をどのように判断するか。)

答：① 主要看其是否油腻不堪。(主に不快感を覚えるかどうかを見る。)
❷ 主要看其是否事业有成。(主に事業を成し遂げたかどうかを見る。)
③ 主要看其是否珍惜时间。(主に時間を大切にするかどうかを見る。)
④ 主要看其是否重视亲情。(主に家族関係を重視するかどうかを見る。)

08 (2) 問：留在大部分孩子记忆中的是什么？

（大部分の子どもの記憶の中に残ったものは何か。）

答：❶ **由妈妈亲手做的饭菜的味道。**（お母さんの手料理の味。）

② 来自厨房里的各种调料味儿。（台所から来た各種調味料の味。）

③ 母亲在厨房默默操作的身影。（母親が台所で黙々と調理する姿。）

④ 从小就非常仰慕的无名英雄。

（幼い頃からとても慕っている無名の英雄。）

09 (3) 問：今天人们在饮食方面有哪些变化？

（今日人々は飲食面においてどのような変化があるか。）

答：① 更重视饮食文化的遗传信息了。

（食文化の遺伝情報をより重視するようになっている。）

② 对饭馆儿的饭菜感到不满意了。

（レストランの料理に不満を感じるようになっている。）

③ 开始怀念真正的母亲的味道了。

（本物の母親の味を懐かしみ始めている。）

❹ **在做饭上花的时间越来越少了。**

（食事作りにかける時間はますます少なくなっている。）

10 (4) 問：有些人现在更经常做的是什么？

（一部の人が現在より多く行っていることは何か。）

答：① 向他人展示自己的厨艺。（常に自分の調理技術を皆に披露している。）

② 热衷于购买各种新厨具。

（各種の新しい台所道具の購入に熱中している。）

❸ **总是吃买来的现成食品。**

（いつも買って来た出来合いの食品を食べている。）

④ 始终保持着厨房的整洁。（常に台所の整理整頓と清潔を保っている。）

11 (5) 問：与本文内容相符的是以下哪一项？

（本文の内容と一致するものは，次のどれか。）

答：① 饭馆儿的饭菜虽然好吃，但都没有营养。

（レストランの料理はおいしいけれど，どれも栄養がない。）

❷ **在不少人看来厨房已经不如以前重要了。**

（多くの人にとって台所はすでに以前のように重要ではなくなっている。）

③ 对自己的母亲或妻子没有必要那么客气。

（自分の母親や妻に対してはさほど遠慮は要らない。）

④ 我们的餐桌已经完全被外卖食品占据了。
(わたしたちの食卓はもはや完全にテイクアウト食品に占拠されている。)

⑹〜⑽の中国語

20 不久之前在中国出现了一个新生事物，叫作“健康码”。所谓健康码，就是公民健康状况的电子证明书。凡是进入公共场所或乘坐公共交通工具的人都必须出示健康码，无人可以例外。健康码是通过智能手机进行操作的，所以没有手机就无法申请并利用，而没有健康码的人将四处碰壁，寸步难行。

有的农民由于没有手机，尽管购买了车票却因无法出示健康码而被拒绝乘火车；一些老人因为出示不了健康码而不能进超市购物；个别人因为忘记带手机而不能坐公交车的报道时有耳闻。明明是为了保证人民健康而发明出来的“好东西”，却让一部分人无法享用，进而给他们的生活带来不便。我们究竟该如何评价健康码呢？

21 汉语中有一个词叫“边缘群体”，指的是因经济结构、文化基础等差异，被主流社会所排斥的人群。一部分农民，甚至生活在大城市里的老年人也许可以称之为“科技边缘人”，他们因不能利用智能终端而被边缘化了。科技的急速发展改变了时间、距离和速度的意义，同时也扩大了社会发展的不平衡。科技的局限性是有目共睹的事实，新科技无法满足所有人的需求。很多技术虽然先进，但复杂的操作常会令人望而却步，老人、儿童以及文化程度不高的人往往很难从中受益。

22 科技本身并不存在公平不公平的问题，它提高的是全社会的平均效益，最终普惠大众，谁都可以去学习，去掌握，然后受益其中。那么是什么导致了不公平的出现呢？是某些制度和规则的缺陷。正是这些缺陷让那些落在后面的人在科技发展的初级阶段失去了追赶的希望。

訳：少し前に中国で「健康コード」という新しい事物が出現した。健康コードとは国民の健康状況の電子証明書であり，公共の場所に入ったり公共交通手段を利用する人はみな健康コードを提示する必要があり，何人たりとも例外はない。健康コードはスマホで操作するため，スマホがなければ申請や利用のしようがないのだが，健康コードがない人は至る所で壁にぶち当たり，身動きを取ることが難しくなるだろう。

ある農民はスマホを持っていなかったために，列車の切符を買っていたにもかかわらず，健康コードを提示することができず乗車を拒否された。一部の老人は健康コードを提示することができずスーパーに入り買い物をすることができなかった。また，スマホを忘れてバスに乗れなかったという話も耳にする。正真正銘人民の健康を保証するために発明された「良いもの」が，一部の人にとっては享受することのできないものであり，更には彼らの生活に不便をもたらすものとなっている。果たして我々は健康コードをどのように評価すべきだろうか。

中国語には“边缘群体”（限界・脱落集団）という言葉があり，経済構造や文化的な基盤の違いから，社会の主流から排斥される人々を指す。一部の農民や，場合によっては大都市に生活する高齢者は“科技边缘人”（科学技術限界者）と呼びうるものであり，彼らはインテリジェント端末を使うことができず周辺化されてしまう。科学技術の急速な発展は時間と距離と速度の意味を変えたと同時に社会の発展のアンバランスを拡大した。科学技術の局限性は誰の目にも明らかな事実であり，新しい科学技術はすべての人の要望を満足させることはできないのである。多くの技術は先進的ではあるが，複雑な操作は人を尻込みさせ，高齢者や児童，環境の整っていない人々にとっては，そこから利益を享受することは往々にして難しい。

科学技術そのものには公平か不公平かという問題は存在しない。それが引き上げるものは社会全体の平均的な効果と利益であり，最終的には大衆にあまねく恩恵を与え，誰もが学び身に付け，そこから利益を得るものである。では，何が不公平を生じさせたのだろうか。それは，若干の制度とルールの欠陥である。こうした欠陥が，取り残された人々をして，科学技術の発展の初期段階で追いかけてものにしようという希望を失わせているのである。

23 (6) 問：没有“健康码”会遇到怎样的不便?
（「健康コード」がなければどのような不便に遭遇するか。）
答：① 不能学习新技术。（新しい技術を学べない。）
② 不能购买火车票。（汽車の切符を買えない。）
③ 不能使用新手机。（新しい携帯電話〔スマホ〕が使えない。）
❹ 不能乘坐公交车。（バスに乗車できない。）

24 (7) 問：文章中所说的不公平是怎样造成的?
（文中で述べられている不公平とはどのようにして作り出されたか。）
答：① 是智能终端的广泛使用造成的。
（インテリジェント端末の広範な使用によって作り出された。）
❷ 是制度和规章的不完善造成的。

（制度とルールの不備によって作り出された。）

③ 是由于文化基础的差异造成的。

（文化基盤の違いによって作り出された。）

④ 是各种媒体的错误报道造成的。

（各種メディアの誤った報道によって作り出された。）

25 (8) 問：为什么有些人不能享用健康码？

（なぜ一部の人々は健康コードを利用することができないのか。）

答：① 因为他们被忘记了。（彼らは忘れられたから。）

② 因为他们年纪太大。（彼らは年を取り過ぎているから。）

❸ 因为他们没有手机。（彼らはスマホを持っていないから。）

④ 因为他们住在农村。（彼らは農村に住んでいるから。）

26 (9) 問：某些新科技的缺点体现在哪里？

（いくつかの新しい科学技術の欠点はどこに現れているか。）

答：**❶ 操作方法过于复杂。**（操作方法が複雑すぎる。）

② 不能迅速更新换代。（迅速な更新ができない。）

③ 可利用的时间太短。（利用できる時間が短すぎる。）

④ 消除了人的距离感。（人の距離感をなくしてしまった。）

27 (10) 問：与本文内容相符的是以下哪一项？

（本文の内容と一致するものは，次のどれか。）

答：① 忘记带手机的人马上就会被边缘化。

（携帯を持ってくるのを忘れた人はすぐに周辺化させられる。）

② 不少人根本意识不到科技的局限性。

（多くの人々が科学技術の局限性を全く意識できない。）

❸ 并非所有的人都是新科技的受益者。

（すべての人が新しい科学技術の享受者というわけではない。）

④ 不能满足所有人需求就不算新科技。（すべての人の要望を満たすことができなければ新しい科学技術とは言えない。）

2 **500字程度の文章を聞いたあと，指定された5か所の文を漢字で書き取ります。全体の内容を理解しながら，正しく漢字で書く能力を問います。**（各10点）

37 如果你会开车，一定有过这样的经验：即便是行驶在笔直的高速公路上，双手也不能离开方向盘。因为(1)<u>你必须每时每刻对汽车行驶的方向加以修正，</u>

哪怕是看上去显得微不足道的调整。否则你将会偏离路线。

据说驾驶飞机也是如此。现代化客机在长距离飞行中的大部分时间里，虽然是自动驾驶模式，但实际上(2)电脑在高速计算着预设航线与实际航线之间的偏差，并不断地向驾驶系统发出操作指令。这样才能保证飞机准确抵达目的地。

38 人们的生活同驾驶汽车和飞机一样，(3)我们都希望自己的生活、工作能呈现出最理想的状态，既可规划、可预见又无干扰。无论是教育、事业，还是爱情和家庭，只要我们一开始就能做出完美无缺的规划，之后再如预期般完成目标，那该多好。

39 (4)然而，正如你我所知，现实生活远非如此，它总会出现这样或那样的偏差或意外。生活就像航行中的飞机，尽管有既定的航线，尽管机长是轻车熟路，也总会遇到乱气流或其他各种恶劣天气。飞行员要不断地进行种种修正，才能让飞机安全抵达。

遗憾的是，(5)我们往往会表现得像天真的孩子，过高地估计了预设的作用而忽视了修正的必要。有一名飞行员说，飞机起飞时的状态并不是那么重要，关键是飞行中的调整，是它决定了一次航行的成功与否。

訳：もしあなたが車の運転ができるなら，きっとこのような経験をしたことがあるだろう。たとえ直線の高速道路を走っていても，両手はハンドルから離すことができない。それは，(1)あなたが，毎分毎秒走行方向に修正を加えねばならないからである。それが見た目には取るに足らないほどのわずかな調整であったとしても。そうしなければ，コースから逸れてしまうことになるだろう。

飛行機の操縦も同様であると言う。現代化された旅客機は長距離飛行中の大部分において，自動運転モードではあっても，実際には，(2)コンピューターが設定された飛行ルートと実際の飛行ルートとの間の差を高速で計算しており，操縦システムに絶えず修正の指令を出している。そうすることによって，目的地まで正確に飛行することが保証されるのである。

人間の生活は車の運転や飛行機の操縦と同じであり，(3)わたしたちは自分の生活や仕事が最も理想的な状態であることを示していること，計画可能，予測可能であり，邪魔が入らないことを希望している。教育，事業は言うまでもなく，愛情や家庭であっても，最初に完全無欠の計画を立てさえすれば，その後も予期したとおりに目標を達成することができるなら，どれほど良いだろう。

(4)しかしながら，あなたもわたしも知っているように，現実生活はそれとはかけ離れており，常にあれやこれやのずれや意外な事柄が発生する。生活は，飛行中の飛行機のように，既定のルートがあったとしても，機長が慣れた調子で操縦したとしても，乱気流やその他の悪天候に遭遇したりするものである。パイロットが絶えずさまざまな修正を施して初めて飛行機を安全に目的地に到達させることができるのである。

残念なことに，(5)わたしたちは天真爛漫な子どものように振る舞い，予め立てた計画の効果を過信し修正の必要を軽視しがちである。あるパイロットは，飛行機が離陸するときの状態はそれほど重要ではなく，肝心なのは飛行中の調整であり，それがその航行が成功するか否かを決定するのだ，と言っている。

筆　記 （⇨問題37頁）

1 800字程度の文章を読み，流れをつかんで適当な語句を補う8問，正しいピンインを選ぶ1問，内容の理解を問う1問に答えます。語句の知識と読解力を問います。　（各2点）

解答：(1) ❸　(2) ❶　(3) ❹　(4) ❷　(5) ❹　(6) ❶　(7) ❸　(8) ❹　(9) ❷　(10) ❸

茶产自中国，初时作为药用，后来才成为日常的饮品。禅亦是中国特产，是印度佛教本土化的结果。宋代以后，禅飘洋过海来到东瀛，与茶奇妙地结合在一起，(1)生成 了“茶道”。汉语的“道”被认为是世间万物运行的轨迹，规定和制约一切事物。然而所谓“茶道”并没有那么至高无上，不过是借助茶而寻求禅之精神的过程而已。

说起日本的茶道，千利休 (2)注定 是一个无法绕过的人物。千利休在前辈茶人的思想基础上，将茶与禅结合得更为紧密，并将“侘茶”进一步发扬光大，成为茶道文化的集大成者。千利休追求的是毫无 (3)造作 的清寂之美，他所举办的以隐逸思想为背景的茶会，与早前流行的书院式茶会完全相反，一扫豪华(4)<u>奢靡 shēmí</u> 的风气，转向质朴自然；强调内在意蕴，使茶彻底摆脱了普通饮品的身份，变成求“道”的手段。

与战国三杰之一的丰臣秀吉的“合作”，使千利休 (5)平步青云，成为日本第一茶人。但千利休和丰臣秀吉毕竟是两种不同的人物，一个是 (6)恬淡 从容的茶人，一个是充满野心的政治家。当茶道有违政治需求时，二者之间的矛盾自然不可避免。(7)才华横溢 的千利休在性格上也有着倔强、傲慢的一面。当权者冲撞他的茶道时，他断然不会忍受。关于千利休惹恼丰臣秀吉而被迫切腹自杀的原因，可谓 (8)众说纷纭。但不管怎样，千利休终究是死于丰臣秀吉的淫威之下。而丰臣秀吉在命令千利休自杀的同时，也将自己钉在了历史的耻辱柱上。

茶道影响了日本人的思想，更影响了日本人的文化。茶道从茶出发，及于世间一切，日本的建筑、美食、文化、器物，(9)莫不 受其影响，日本文化借由茶道发展，形成独特的审美风格。所以，我们不难理解日本文学作品中的唯美，不难理解日本设计里透露出的极简主义，不难理解日式料理的精致……，这些都是从一杯茶里喝出来的。

訳：茶は中国原産であり，最初は薬用としていたが，後に日常の飲み物となった。禅もまた中国の産物であり，インド仏教が本土化したものである。宋代以降，禅は海を越え東瀛《とうえい》（日本）に渡り，茶と絶妙に結合し，「茶道」を生み出した。中国語の「道」は世の中の万物の軌跡であり，一切の事物を規定し制約する。しかし，いわゆる茶道は比類なき至高のものではなく，茶によって禅の精神を探求する過程にすぎない。

日本の茶道といえば，千利休は避けては通れない人物である。千利休は先人の茶人の思想の基礎の上に茶と禅とを更に緊密に結び付け，「侘茶《わびちゃ》」を一歩推し進めて広め，茶道文化を集大成した人物となった。千利休が追い求めたものは装飾の少しもない清寂の美であり，彼が執り行った隠逸思想を背景とした茶会は，それより以前に流行していた書院の茶会とは正反対であり，豪華でぜいたくな気風を一掃し，質朴で自然であることへと転向した。内に込められた意味を強調し，茶を徹底的に普通の飲み物の身分から脱却させ，「道」を求める手段へと変えた。

まさに戦国の三傑の一人である豊臣秀吉との「タッグ」は，千利休の地位を飛躍させ，日本を代表する茶人にした。しかし，千利休と豊臣秀吉は畢竟異なる人間であり，かたや淡泊で落ち着いた茶人，かたや野心にあふれた政治家である。茶道が政治の要求に背いたとき，二者の間の矛盾はおのずと避けられるものではなくなった。千利休は才能が豊かであったが，その性格は頑固で傲慢な一面もあった。権力者が彼の茶道と衝突したとき，彼は断固として甘んじることはできなかった。千利休が豊臣秀吉の怒りを買い切腹自殺を命じられた原因は，諸説紛々だと言えよう。ただどうであれ，千利休は結局のところ豊臣秀吉の横暴のもとに命を落とした一方，豊臣秀吉も千利休に自殺を命じたと同時に，自身をも歴史の恥辱の柱に名を刻んだ。

茶道は日本人の思想に影響を与え，日本人の文化によりいっそうの影響を与えた。茶道は茶から出発し，世の中の一切に及んでおり，日本の建築，美食，文化，器物はその影響を受けていないものはなく，日本文化は茶道の力を借りて発展し，独特の美意識の風格を形成している。したがって，わたしたちには日本文学の中の唯美も，日本のデザインの中に透けて見えるミニマリズムも，日本料理の精緻さも，理解することは困難ではない…，これらはすべて一杯の茶の味わいから生み出されたのである。

(1) 空欄補充

① 生来 shēnglái　　② 生育 shēngyù

❸ 生成 shēngchéng　　④ 生根 shēnggēn

“茶道”という目的語が後に続くので“生成”（生み出す）を選びます。“生来”は「生まれつき」，“生育”は「子を産む」，“生根”は「根を下ろす」です。

(2) 空欄補充

❶ 注定 zhùdìng　② 注重 zhùzhòng　③ 注册 zhùcè　④ 注目 zhùmù

“千利休”が“是一个无法绕过的人物”であると定められていることを表しているため，“注定”（決定づけられている）を選びます。“注重”は「重んじる」，“注册”は「登記する」，“注目”は「注目する」です。

(3) 空欄補充

① 造型 zàoxíng　② 造化 zàohua　③ 造诣 zàoyì　❹ 造作 zàozuo

“毫无”の後に続き“清寂之美”の修飾語を構成する語としてふさわしい“造作”（装飾）を選びます。“造型”は「造形」，“造化”は「幸福」，“造诣”は「造詣」です。

(4) ピンイン表記

① shèmǐ　❷ shēmí　③ shēmǐ　④ shèmí

“靡”のように，他によく似た漢字がある漢字の発音やピンインを正確に覚えましょう。また，漢字の中の一部分がその漢字の発音を示しているとは限りませんので注意してください。

(5) 空欄補充

① 平起平坐 píngqǐ-píngzuò　② 平地风波 píngdì-fēngbō
③ 平分秋色 píngfēn-qiūsè　❹ 平步青云 píngbù-qīngyún

“与战国三杰之一的丰臣秀吉的‘合作’”が“千利休”を“成为日本第一茶人”とさせたことと並列するものとしてふさわしいことから“平步青云”（急に高い位置に達する）を選びます。“平起平坐”は「地位や権力が同等である」，“平地风波”は「穏やかなところに波風が立つ」，“平分秋色”は「双方が利益を半分ずつ分かち合う」です。

(6) 空欄補充

❶ 恬淡 tiándàn　② 惨淡 cǎndàn　③ 清淡 qīngdàn　④ 冷淡 lěngdàn

“充満野心” と対立し，なおかつ “从容” と組み合わせて用いられる語である “恬淡”（恬淡《てんたん》としている，あっさりしてこだわりがない）を選びます。“惨淡” は「惨憺《さんたん》としている」，“清淡” は「(食べ物が）淡白である，あっさりしている」，“冷淡” は「冷淡である，ひっそりとしている」です。

(7) 空欄補充

① 才疏学浅 cáishū-xuéqiǎn　② 唯才是举 wéicái-shìjǔ

❸ 才华横溢 cáihuá-héngyì　④ 人尽其才 rénjìn-qícái

“千利休” という人物を形容する語である “才华横溢”（才能が豊かである）を選びます。“才疏学浅” は「学才が浅薄である」，“唯才是举” は「才能さえあれば重用する」，“人尽其才” は「人それぞれがもてる力を存分に発揮する」です。

(8) 空欄補充

① 说三道四 shuōsān-dàosì　② 信口开河 xìnkǒu-kāihé

③ 道听途说 dàotīng-túshuō　**❹ 众说纷纭** zhòngshuō-fēnyún

“关于千利休惹恼丰臣秀吉而被迫切腹自杀的原因” について述べられており，“但不管怎样，千利休终究是死于丰臣秀吉的淫威之下” と続くので，千利休の死に豊臣秀吉が関わっていることは，“说三道四”（いい加減なことを言う），“信口开河”（口任せにしゃべる），“道听途说”（根拠のない噂話《うわさばなし》をする）ではありません。“但不管怎样” とあることからも，“众说纷纭”（諸説紛々としている）を選びます。

(9) 空欄補充

① 莫非 mòfēi　**❷ 莫不** mòbù　③ 莫如 mòrú　④ 莫大 mòdà

“茶道从茶出发，及于世间一切” とあることから，“日本的建筑、美食、文化、器物” はすべて茶道の影響を受けているということになり “莫不”（…しないものはない）を選びます。“莫非” は「恐らく…ではないだろうか，まさか…ではあるまい」，“莫如” は「むしろ…したほうがよい」，“莫大” は「この上もない」です。

(10) 内容一致

① 千利休在日本文化中的地位无足轻重。
（千利休の日本文化における地位は取るに足らない。）

② 丰臣秀吉最终因杀千利休而彪炳千秋。
（豊臣秀吉は最後には千利休を殺したことによって，永遠の輝きを放っている。）

❸ 千利休与丰臣秀吉分道扬镳是必然的。
（千利休と豊臣秀吉とがそれぞれ独自の道を進むのは必然であった。）

④ 日本餐饮文化的精髓可谓非茶道莫属。
（日本の飲食文化の精髄は茶道以外にはないと言える。）

2 適当な語句を補います。読解力と語句の知識を問います。（各 2 点）

解答：(1) ❶ (2) ❸ (3) ❹ (4) ❷ (5) ❸ (6) ❶ (7) ❹ (8) ❸ (9) ❷ (10) ❶

(1) 请大家先休息（ 片刻 ），一会儿再继续开会。
（先に少し休憩していただいてから，会議を再開しましょう。）

❶ 片刻 piànkè　② 立刻 lìkè　③ 即刻 jíkè　④ 顷刻 qǐngkè

動量補語となる“片刻”（わずかな間）を選びます。“立刻”（ただちに），“即刻”（即刻），“顷刻”（たちまち）は，いずれも副詞で補語にはなりえません。

(2) 那个说起话来（ 底气 ）十足的年轻人究竟是谁啊？
（あの自信にあふれた話しぶりの若者は一体誰ですか。）

① 底线 dǐxiàn　② 家底 jiādǐ　❸ 底气 dǐqì　④ 班底 bāndǐ

“说起话来”（話をすると）から，話しぶりを表すのにふさわしい“底气”（自信，元気）を選びます。“底线”（最低ライン），“家底”（家の財産），“班底”（主力メンバー）は“十足”と結びつきません。

(3) 这种时候咱们应该鼓励，而不是（ 挖苦 ）他。
（こういうときには彼を励ますべきであって，冷やかすべきではない。）

① 吃苦 chīkǔ　② 刻苦 kèkǔ　③ 诉苦 sùkǔ　❹ 挖苦 wāku

後に目的語を置くことができるのは“挖苦”（冷やかす）のみです。“吃苦”（苦労する），“刻苦”（骨身を惜しまず努力する），“诉苦”（苦しみを訴える）は後に目的語を置くことができません。また“应该…，而不是”から“鼓励”と対立する意味の“挖苦”を選ぶこともできます。

(4) 进公司不到一年的小王被（ 破例 ）提拔为销售经理了。

（入社して1年にならない王さんは破格の抜擢《ばってき》で営業部長になった。）

① 破案 pò'àn　❷ 破例 pòlì　③ 破获 pòhuò　④ 破晓 pòxiǎo

主語は“小王”という人物ですから，“破晓”（夜が明ける）は除外できます。“破案”（事件を解決する），“破获”（摘発する）は“提拔为销售经理了”という内容に合いません。“进公司不到一年”なのに“销售经理”となったという文脈にも合う“破例”（慣例を破る）を選びます。

(5) 无论老师怎么解释，他就是不（ 开窍 ），真没办法。

（先生がどんなに説明しても彼は一向に飲み込めない，本当に困ったものだ。）

① 开通 kāitong　② 开导 kāidǎo　❸ 开窍 kāiqiào　④ 开明 kāimíng

“无论老师怎么解释，他就是不”から“他”は教えられる側であり，“开导”（教え導く）は除外できます。“开通”（考えが開けている），“开明”（進歩的で開けている）は，考えそのものが開けているという意味であり，“老师怎么解释”と合いません。「悟る，納得がいく」という意味の“开窍”を選びます。

(6) 这么重要的事我们都无权决定，必须总经理（ 拍板 ）。

（こんなに重要な事はわたしたちには決定する権利はありません。社長が決定しなくてはなりません。）

❶ 拍板 pāibǎn　② 拍案 pāi'àn　③ 叫阵 jiàozhèn　④ 叫板 jiàobǎn

わたしたちは決定できないが，社長は決定できることを示しているので，“拍案”（机をたたいて強い驚き，怒り，称賛の気持ちを表す），“叫阵”（大声で戦いを挑む），“叫板”（挑戦する）は適当ではありません。「決定を下す」という意味の“拍板”を選びます。

(7) 你别在这儿（ 卖弄 ）那点儿学问了，他们可都是专家啊。（ここでそれっぽっちの学問をひけらかすのはやめなさい，彼らはみな専門家なのですから。）

① 捉弄 zhuōnòng　② 摆弄 bǎinòng　③ 玩弄 wánnòng　❹ 卖弄 màinong

“学问”が目的語であること，また，“别在这儿…”と禁止する理由が「その場にいる他の人々が専門家であるため」ということから，“捉弄”（なぶる），“摆弄”（いじくる），“玩弄”（もてあそぶ）は適当ではありません。“卖弄”（ひけらかす）を選びます。

⑻ 犯了错误就该直接承认，不要拿别人当（ 挡箭牌 ）。

（誤りを犯したのならそれを直接認めるべきであり，他人を盾にしてはいけない。）

① 回马枪 huímǎqiāng　　② 试金石 shìjīnshí

❸ 挡箭牌 dǎngjiànpái　　④ 敲门砖 qiāoménzhuān

“拿别人当”から，行為を表す語である“回马枪”（突然振り向いて反撃すること）は除外できます。“犯了错误就该直接承认”を受け，“不要…”と続くので“直接承认”に相反する意味合いをもつ語を選びます。“试金石”（試金石），“敲门砖”（人に取り入る手段）は相反する意味であるとは言えません。“挡箭牌”（盾）が「間に遮るものを置き間接的な状態にすること」をたとえており，“直接”と相反する意味を示します。

⑼ 这篇（ 发人深省 ）的文章刚一发表，就受到广泛的关注。

（この深く考えさせられる文章は発表されるやいなや，広く注目された。）

① 发扬光大 fāyáng-guāngdà　　❷ 发人深省 fārénshēnxǐng

③ 奋发图强 fènfā-túqiáng　　④ 精神焕发 jīngshen-huànfā

“文章”を修飾する語として「（物事を）深く考えさせられる」という意味の“发人深省”を選びます。“发扬光大”は「（伝統・精神などが）よりいっそう光彩を放つ」，“奋发图强”は「意を決して向上を図る」，“精神焕发”は「元気いっぱいである」です。

⑽ 那个人的思想十分陈旧，跟今天的社会（ 格格不入 ）。

（あの人物の思想は古くさすぎて，今の社会とは相容れない。）

❶ 格格不入 gègè-búrù　　② 依依不舍 yīyībùshě

③ 惴惴不安 zhuìzhuì-bù’ān　　④ 喋喋不休 diédié-bùxiū

“陈旧”と“今天”という相容れない関係を示す“格格不入”（互いに相容れないさま）を選びます。“思想”と“社会”の関係性を示しているので，“依依不舍”（恋々として思い切れない），“惴惴不安”（怖くてびくびくする），“喋喋不休”（取りとめなくしゃべる）では意味が通じません。

3 正しく解釈した文を選びます。語句の意味についての知識を問います。（各2点）

解答：⑴❷　⑵❶　⑶❹　⑷❸　⑸❷　⑹❶　⑺❹　⑻❸

⑴ 说起他的吝啬来，绝对是一般人难以想象的。

（彼の吝嗇ぶりときたら，絶対に普通の人には想像がつかないほどである。）

① 指非常大方。（非常におおらかであることを指す。）

❷ **指过分小气。**（あまりにもけちであることを指す。）

③ 指特别豪爽。（とても豪放でさっぱりしていることを指す。）

④ 指十分认真。（大変真面目であることを指す。）

⑵ 作为当代的鸿儒，他在中国可以说是一个家喻户晓的人物。

（現代の大学者として，彼は中国では誰にもよく知られている人物である。）

❶ **指学识渊博的学者。**（学識が広く深い学者を指す。）

② 指孔子的后世子孙。（孔子の子孫末裔《まつえい》を指す。）

③ 指举止优雅的绅士。（立ち居振る舞いが優雅な紳士を指す。）

④ 指健康长寿的老者。（健康で長寿の老人を指す。）

⑶ 昨天偶遇一个高中时的同学，我感觉她有点儿发福了。（きのう高校時代の同級生と偶然出会ったが，わたしには彼女は少し太ったように感じられた。）

① 比喻人幸福。（人が幸福であることをたとえる。）

② 比喻人变老。（人が老けることをたとえる。）

③ 比喻人傲慢。（人が傲慢であることをたとえる。）

❹ **比喻人变胖。**（人が太ることをたとえる。）

⑷ 这几年，他的生意做得风生水起，令人刮目相看。

（ここ数年，彼の商売は成長目覚ましく，目をみはるものがある。）

① 比喻很多人跟风模仿做某件事。
（多くの人が流行を追いまねをして事を行うことをたとえる。）

② 比喻事业遭遇意想不到的困难。
（事業が思わぬ困難に遭うことをたとえる。）

❸ **比喻事情做得很好且发展很快。**
（物事がうまくいき，発展が速いことをたとえる。）

④ 比喻跟普通人完全不同的风格。（普通の人とは全く違う様子をたとえる。）

“风生水起”は「風が吹き水面を波立たせる」から，勢いがあり波に乗っていることを意味し，物事を大変うまくやっていることを形容します。

⑸ 出门一年多的哥哥刚回到家里，就被妈妈数落了一通。

（家を出て１年余りの兄は家に帰ったとたん，母から責めとがめられた。）

① 指列举成绩予以夸奖。（成果を並べ立て賞賛することを指す。）

❷ 指列举过失加以责备。（誤りを取り立て非難することを指す。）

③ 指很犀利地加以讽刺。（辛辣《しんらつ》に当てこすることを指す。）

④ 指很温柔地予以安慰。（優しく慰めることを指す。）

(6) 男子足球队再次交白卷的结果一点儿都不令人意外。（男子サッカーチームが再び結果を出せなかったことについては，誰も意外に思わなかった。）

❶ 比喻根本没有完成预定的任务。
（予定されていた任務を全く遂行できなかったことをたとえる。）

② 比喻将对手打得没有还手之力。
（相手を反撃できないほどに打ち負かしたことをたとえる。）

③ 比喻因某种原因没有坚持到底。
（何らかの原因により最後まで持ちこたえられなかったことをたとえる。）

④ 比喻取得了令人很满意的成绩。
（満足のいく成績を収めたことをたとえる。）

> “交白卷”は「白紙の答案を提出する」から，なすべきことが全くできないことをたとえます。

(7) 小李常说自己就是一只井底之蛙，希望大家多多帮助。
（李さんは自分は井の中の蛙《かわず》なので，皆が大いに手助けしてくれることを希望しているとよく言っている。）

① 比喻精力旺盛，活泼好动的人。
（精力旺盛で，活発でよく動くことをたとえる。）

② 比喻意志坚强，不屈不挠的人。（意志が堅く，不屈であることをたとえる。）

③ 比喻平淡无奇，不值一提的人。
（平凡で面白みがなく，取るに値しないことをたとえる。）

❹ 比喻孤陋寡闻，见识不多的人。（物事に疎く，見識が狭いことをたとえる。）

(8) 他之所以会走到今天这一步，可以说完全是咎由自取。（彼が今日こんな目に遭うことになったのは，全くもって自業自得であると言える。）

① 指取得成绩完全是靠自己的努力。
（成績を収めることは完全に自分の努力によるということを指す。）

② 指说话或办事只考虑自己的利益。
（話をしたり行動をしたりするときに自分の利益だけを考えることを指す。）

❸ 指遭受灾祸或惩处是自己的责任。

（災難に遭ったり処罰を受けるのは自分の責任であるということを指す。）

④ 指完全按照自己的意愿做任何事。

（完全に自分の願望だけですべての事を行うことを指す。）

“咎由自取”は「災いは自分自身によって招かれる」から,「自業自得」です。

4 **600字程度の文章を読み，2か所のピンインを漢字に改め，2つの文を日本語に訳します。全体の内容を理解しながら，正しく漢字で書く能力，日本語の翻訳力を問います。**

（(a)(b)各2点，(1)(2)各8点）

对一个理性的人来说，成功是时代(a) cìyǔ（赐予）的机遇，而机遇往往是一时的，是转瞬即逝的。所以，所谓成功不过是重新出发时的一个起点，一个在同一领域中稍早于或略高于别人的起点。(1)珠穆朗玛峰无疑是登山者的终极目标。一旦登上了地球之巅，便不再有更高的山峰等待你去征服了。但一般而言的成功则不然，它是没有终点的。成功者既有可能走向新的成功，也有可能在荣光辉煌一时后步入永远的平凡。

今天，社会对成功者的所谓关注，过于注重成功本身，而对成功者走向成功的途径(b) shúshì-wúdǔ（熟视无睹）。其实，所谓的“成功”之中是包含着诸多道德和伦理因素的。最简单的例子就是，(2)我们常常宁愿多费时，多走路，甚至不惜多花钱，特意去一家商店购买一种其实随处可见的商品。这里体现了我们在道德和伦理层面对这家商店的信赖和认可。在成功的问题上，道德和伦理的因素往往起着至关重要的作用。

訳：理性的な人間にとっては，成功とは時代が授けてくれるチャンスであり，チャンスは往々にして一時のものであり，瞬く間に消えてしまうものである。だから，いわゆる成功とは新たな出発のための一つのスタート点にすぎず，同じ領域で他の人より少し早いかあるいは少し高いスタート点であるにすぎない。(1)チョモランマは間違いなく登山家の終極の目標であるが，いったん登頂すればこの世界にはあなたが征服しに行くのを待っている更なる高い山はもうない。しかし，普通に言う成功はそうではない。終わりなどない。成功者は新たな成功に向かって進んでいく可能性もあれば，一時の輝かしい栄光の後，永遠の平凡へ足を踏み入れる可能性もある。

今日，社会の成功者に対する注目は，成功そのものに重きを置きすぎるわりに，成功者が成功に向かう道のりには無関心である。実際には，成功の方法と道のりはより多くの道徳と倫理的要素を内包している。最も簡単な例は，(2)わたしたちはよく，多くの時間を費やし，足を伸ばし，多めにお金を使うことを惜しみさえせずに，どこででも目にすることのできる商品を買いにわざわざある店に足を運ぶということだ。ここには，わたしたちの道徳と倫理の面におけるその店への信頼と認識が体現されている。成功の問題には，道徳と倫理的な要素が重要な役割を果たすことがよくある。

(a)・(b)，(1)・(2)　上記参照

(a)は“赐与”も可。

(1)“珠穆朗玛峰”は「チョモランマ」。中国語名を知らなくても，発音が分かれば推測可能です。“不再有更…”は「それ以上のものはもうない」，“等待”は「待ち受ける」です。

(2)“宁愿”は「むしろ…することを望む」，“甚至”は「(甚しきに至っては)…しさえする」という意味で，“甚至不…”は「…しさえしない」です。

5 **100字程度の日本語の文章２題を中国語に訳し，指定された３つの語句を使用して１つの事柄について作文します。会話，手紙，論説などの少しまとまった長さの文章を組み立てる能力を問います。**（各８点）

(1) 金星は，地球と構造が似ているものの，温度はかなり高い。二酸化炭素を主成分とした大気が広がっているため，温室効果により地表温度はセ氏約470度に上る。金星にはかつて海があったが，何らかの原因で極端な温室効果が進んだため蒸発したと考えられている。

金星和地球虽然结构相似，但温度却相当高。弥漫着以二氧化碳为主要成分的大气，其地表温度因温室效应而高达约摄氏470度。金星曾经有过海洋，但由于某种原因导致极端温室效应的加剧而蒸发了。

「…ものの」は逆接ですから“但”や“但是”を用います。「大気が広がっている」は充満していることですから“弥漫”を用います。「温室効果」は“温室效应”と言います。「…が原因で…となり…となる」は，解答例では“由于…导致…而…”の形を用い「極端な…が進む」は“导致”の後に“极端温室效应的加剧”（極端な温室効果の激化）という名詞形で訳しています。

(2) 日本語には２つある。１つは，有史以前から今日に至るまで，日本語とし

て受け継がれている言葉の中心になっているもので，主に話し言葉のうちに生きている。もう１つは，書き言葉中心の日本語である。この２つの日本語は，想像以上に大きく違っている。

日语有两种。一种是从史前到今天,作为日语传承下来的语言的中心部分，主要存在于口语中。另一种是以书面语为中心的日语。这两种日语的不同远远超出我们的想象。

「受け継がれる」は“传下来”です。「想像以上に大きく」は“远远超出想象”と言います。

(3)「育児」について “关心”“休假”“社会”を使用

（作文例）**最近有些公司开始实行一项关心员工的措施，就是某个员工的妻子生小孩儿以后，给他一段休假的时间，让他跟妻子一起育儿。这种人性化的管理也是社会和谐的表现。**

（最近は一部の会社が従業員に配慮した施策の実施を始めており，つまり従業員の妻が子どもを産むと，彼に休暇の時間を与え，妻と一緒に育児をさせるのである。こうした人間的なマネージメントは社会調和の表れでもある。）

現代社会における育児の問題について述べています。“措施”の量詞は“项”，一定の長さをもつ“休假的时间”の量詞は“段”を用います。“人性化”は「人間的な」，“管理”は「管理」という意味ですが，最近の言葉では「マネージメント」に対応します。“和谐”は「調和」を意味します。

1級第107回

(2022年11月)

問　題

解答時間：計120分

配点：リスニング100点，筆記100点

解答と解説

リスニング （⇨解答と解説77頁）

03 **1** 中国語を聞き，(1)～(10)の問いの答えとして最も適当なものを，①～④の中から 1 つ選びなさい。 (50 点)

04
12

05
13

06
14

07 (1)
15 ① ② ③ ④

08 (2)
16 ① ② ③ ④

09 (3)
17 ① ② ③ ④

10 (4)
18 ① ② ③ ④

11 (5)
19 ① ② ③ ④

20
28

21
29

22
30

23 (6)
31 ① ② ③ ④

24 (7)
32 ① ② ③ ④

25 (8)
33 ① ② ③ ④

26 (9)
34 ① ② ③ ④

27 (10)
35 ① ② ③ ④

36 **2** 中国語を聞き，その中から指定された 5 か所を漢字で書き取りなさい。 (50 点)

37

45

38

46

39

47

40

41

42

43

44

筆　記 （⇨解答と解説85頁）

1 次の文章を読み，(1)～(10)の問いの答えとして最も適当なものを，①～④の中から1つ選びなさい。 (20点)

如果说疾病是对人类个体身心的摧残，那么传染病则是对整个人类社会文明进程的一次阻碍。在它面前，人类的生命竟是那么脆弱，那么[(1)]。

千百年来，人类与瘟疫的斗争从未停息。瘟疫不像其他自然灾害那样声势浩大，也不像战场上的血腥厮杀，但其凶险程度却有过之而无不及。

有学者认为盛极一时的印加文明极有可能是毁于一场恐怖的瘟疫。公元二世纪中后期的安东尼瘟疫[(2)]了罗马帝国的政治和社会生活，成了历史的转折点。

几乎就在同时，中国的东汉政权也面临着巨大的威胁，大规模的瘟疫流行间接引发了农民起义，最终导致了汉王朝的[(3)]。

爆发于14世纪下半叶的黑死病，[(4)]2500万人的死亡。瘟疫给欧洲文明的走向带来了重大影响，欧洲社会的政治、经济、文化、宗教、科技等均遭受了剧烈的冲击。

令人记忆犹新的是1918年开始大流行的“西班牙流感”。在短短的一年多时间里，病毒使10亿人感染，死亡人数比死于第一次世界大战的人数还多！流感的(5)肆虐成了这次大战提早结束的原因之一，因为各国都已经没有[(6)]的兵力能够继续作战了。

古今中外给人类带来伤痛与死亡的瘟疫不计其数，人类为战胜瘟疫而付出的努力和牺牲也不可胜数，结果如何呢？尽管现代科技和医疗水平已有了[(7)]的发展，但面对此次全球流行的新冠病毒，我们能做的也不过是闭门不出而已。给自己关[(8)]，既是对抗的手段，也是投降的姿态。在有效疫苗发挥作用之前，在尚无特效药可用的情况下，任何公共场所都不能令人放心大胆地利用，整个社会的运作也不得不减缓甚至停止。

此次疫情不知何时会离我们远去，也不知它是否会卷土重来，我们更无法预测下一个灾难何时降临人间。我们能做的就是接受历史教训，与大自然和谐相处，[(9)]各类应急机制，让更多的人拥有一个相对安全的生存环境。

⑴ 空欄⑴を埋めるのに適当なものはどれか。

① 不名一文　② 不堪一击　③ 不一而足　④ 不屑一顾

⑵ 空欄⑵を埋めるのに適当なものはどれか。

① 创新　② 创伤　③ 重创　④ 中伤

⑶ 空欄⑶を埋めるのに適当なものはどれか。

① 覆灭　② 歼灭　③ 熄灭　④ 破灭

⑷ 空欄⑷を埋めるのに適当なものはどれか。

① 形成　② 促成　③ 达成　④ 造成

⑸ 下線部⑸の正しいピンイン表記はどれか。

① sìniè　② shìnüè　③ sìnüè　④ shìniè

⑹ 空欄⑹を埋めるのに適当なものはどれか。

① 格外　② 额外　③ 除外　④ 分外

⑺ 空欄⑺を埋めるのに適当なものはどれか。

① 异军突起　② 突如其来　③ 突飞猛进　④ 风云突变

⑻ 空欄⑻を埋めるのに適当なものはどれか。

① 禁闭　② 禁令　③ 禁锢　④ 禁地

⑼ 空欄⑼を埋めるのに適当なものはどれか。

① 成全　② 健全　③ 顾全　④ 齐全

⑽ 本文の内容と**一致しないもの**はどれか。

① 战争给人类带来的危害尚不及瘟疫的流行。

② 在大自然面前，人类的力量是微不足道的。

③ 人类至今也没能让瘟疫从地球上销声匿迹。

④ 世界历史的进程从未因瘟疫而有任何改变。

2 ⑴～⑽の中国語の空欄を埋めるのに最も適当なものを，①～④の中から 1 つ選びなさい。 (20 点)

⑴ 你们都不觉得这件事里有什么（　　　）吗?

① 蹊跷　② 蹉跎　③ 蹒跚　④ 踟蹰

⑵ 看着眼前（　　　）的河流，大家都不知如何是好。

① 滂沱　② 潇洒　③ 涤荡　④ 湍急

⑶ 听他说话的口气，（　　　）是久经沙场的老战士了。

① 哗然　② 悍然　③ 俨然　④ 固然

⑷ 他全面继承老师的（　　　），成了该领域的领军人物。

① 衣冠　② 衣钵　③ 衣着　④ 衣襟

⑸ 他用寥寥数笔就（　　　）出一匹活灵活现的奔马。

① 勾引　② 勾兑　③ 勾连　④ 勾勒

⑹ 他是作为皇帝的特使去前线（　　　）将士们的。

① 效劳　② 有劳　③ 犒劳　④ 徒劳

⑺ 这篇文章不经过反复（　　　）是体会不到其精妙之处的。

① 咀嚼　② 吸吮　③ 呼唤　④ 吆喝

⑻ 关键时刻他不得不使出了自己的（　　　）。

① 二把刀　② 撒手锏　③ 定心丸　④ 当头炮

⑼ 他实在（　　　）心中的怒火，才动手打了对方。

① 忍俊不禁　② 锲而不舍　③ 应接不暇　④ 按捺不住

⑽ 公司上层推出这项新制度的目的是（　　　）的。

① 不知所措　② 不以为然　③ 不言而喻　④ 不择手段

3 (1)~(8)の中国語の下線部の説明として最も適当なものを，①~④の中から1つ選びなさい。 (16点)

(1) 所有看过那本书的人都说作者写的内容太晦涩了。

① 形容篇幅过于冗长。

② 形容很容易感动人。

③ 形容内容过于消极。

④ 形容很不容易弄懂。

(2) 恐怕连他自己都没有想到这个计谋居然得逞了。

① 指得到多数人的认可。

② 指达到某种不良目的。

③ 指某个秘密被人发现。

④ 指某项计划被人破坏。

(3) 这次体能测验的结果是有一多半的学生将将达标。

① 指即将达到某种程度。

② 指大大超过某个目标。

③ 指勉强达到一定程度。

④ 指距离目标相差很远。

(4) 经过几轮谈判之后，对方手里的筹码已经所剩无几了。

① 比喻当初的美好愿望。

② 比喻事先准备的资金。

③ 比喻能够实现的计划。

④ 比喻可以利用的条件。

(5) 教室外边突然一阵喧哗，分散了学生们的注意力。

① 形容声音大而杂乱。

② 形容有人正在打架。

③ 形容很美妙的歌声。

④ 形容很凄凉的哭声。

(6) 政府高官在接种疫苗时加塞儿一事成了当地民众热议的话题。

① 比喻主动站在最后边。

② 比喻插进排好的队列。

③ 比喻放弃既得的利益。

④ 比喻让他人替代自己。

(7) 他总是把别人的忠告当成耳边风，结果吃了大亏。

① 比喻听起来显得很幼稚的话。

② 比喻让人听了很不舒服的话。

③ 比喻听了也不放在心上的话。

④ 比喻一般人都不常听到的话。

(8) 听说畅销书排行榜上第一和第二的销售量不相上下。

① 形容水平大致相当，难分高低。

② 形容相比之下还有很大的差距。

③ 形容能够与之相比的并不多见。

④ 形容不愿意跟其他的进行比较。

4 次の文章を読み，下線部(1)・(2)を日本語に訳しなさい。 (20点)

一件东西用久了，自然会变得黯淡、陈旧，甚至缺失、破损，我们习惯称之为“旧东西”。旧东西是过时的，不受用的，不招人喜爱的。俗话说：(1)旧的不去，新的不来。“除旧布新”、“辞旧迎新”、“喜新厌旧”这些词语都表明，“旧”是不大受人们欢迎的。与“旧”词义相近，而人们也经常使用的另一个字是“老”。“旧”是物质性的，而“老”却有非物质的一面，是一种时间的内容，比如老朋友、老房子等。时间是一种历史，含着一种记忆、一种情感。如果说某件东西是“旧东西”，似乎就意味着它需要更新，甚至会被舍弃。而说它是“老物件儿”，那它就含有历史的成分了，需要考察，需要保护。

(2)近些年来，中国各地的城市建设进行得如火如荼，有一种人们耳熟能详的说法叫作“旧城改造”。因为是“旧”城，所以拆起来不心疼，不手软；以致本该予以保护的街道、建筑等瞬间化为乌有。如果换成“老城”或“古城”这一说法，情况也许就大不一样了，由拆除变修缮，由开发变保护。两种不同的观念会使一座城市面临两种不同的命运。

5 (1)・(2)の日本語を中国語に訳しなさい。また，(3)の指示に従って中国語で文章を書きなさい。 (24点)

(1) 新型コロナウイルス感染者数の拡大に伴い，「ニューノーマル」への移行が言われる中，新しい働き方が模索されている。中でも在宅勤務などテレワークの導入は多くの企業に広まってきた。一方で，テレワーク下での生産性向上，スムーズな意思疎通の必要性など，直面する課題も増えている。

(2) 今の社会には，強い学校信仰がある。全国の中学卒業者の約99％が高校へ進学している。ところで，学校の生徒は，先生と教科書にひっぱられて勉強する。自学自習という言葉こそあるけれども，独力で知識を得るのではない。いわばグライダーのようなものだ。自力では飛び上がることはできない。

(3)「余暇の過ごし方」について，次の 5 つの語句の中から 3 つ以上を使用して 90 字以上 120 字以内で書きなさい。

※使用した語句には下線を引くこと。

句読点も 1 字と数えます。文頭を 2 マス空ける必要はありません。

“读书”“社交软件”“睡懒觉”“家务”“运动”

リスニング （⇨問題66頁）

1 600字程度の２つの文章を聞き，内容についての問い５問ずつに答えます。ポイントとなる内容を聞き取り，全体の趣旨をつかむ能力を問います。(各5点)

解答：(1) ❷　(2) ❸　(3) ❶　(4) ❹　(5) ❸　(6) ❹　(7) ❶　(8) ❷　(9) ❸　(10) ❹

(1)～(5)の中国語

04　有人把商界称作“商海”，因为大海深不见底，危机四伏；商界时时有激烈无比的竞争，处处是你死我活的拼杀。可见商界是个险象环生之地。由“商海”又衍生出了“红海”和“蓝海”。所谓“红海”指的是竞争十分激烈的市场，因有太多的人厮杀，鲜血染红了海面，故称之为“红海”。而与其相对的是那些鲜有人光顾的行业，海水依然湛蓝，所以被称为“蓝海”。

05　有些创业者喜欢在蓝海畅游，他们在某些“冷门”领域开疆拓土。有时看似站稳了脚跟，但结果是“蓝海”多半会变成“死海”。比如，某创业者开发了一个高尔夫练习辅助软件，它具有球场定位，动作矫正，记录挥杆次数等功能，完全可以满足高尔夫爱好者的需求。作为一个产品可以说相当不错，但销售结果却很不理想。尽管中国有大约500万的高尔夫爱好者，而对这种高端软件感兴趣的人却少之又少，其中愿意付费购买的人就更是少得可怜。开发者所能获得的利润也就可想而知了。所以，就算产品做得再好，没有足够大的市场，也是白费力气。

不能说选择“蓝海”就都是错误的，但在做出这一选择之前，应该先搞清楚其之所以成为“蓝海”的原因。就好像你要去一片人迹罕至的海湾游泳，下水前最好想一想，为什么没有人来这里游泳。而人们宁愿选择非常拥挤的海域，至少说明那里是安全的。

06　创业时不能忽视的一点是，有些领域的竞争的确十分激烈，但竞争是相对的，正因为市场巨大，利润丰厚，竞争者才多。而有些领域因为过于狭窄，竞争者不多，分羹者自然就少，怎奈羹本身更少。没有了实际利益，又如何谈得上获得成功呢？

訳：ビジネスの世界を「ビジネス・オーシャン」と呼ぶ人がある。それは大海が深く底が見えず，周囲に危機が潜んでいること，またビジネスの世界は常に激烈無比の競争があり，至る所で生きるか死ぬかの命がけの戦いが行われていることにちなむ。ビジネスの世界は次々に危険に陥る場所であることが分かる。「ビジネス・オーシャン」は更に「レッド・オーシャン」と「ブルー・オーシャン」に派生した。いわゆる「レッド・オーシャン」が指すのは競争が極めて激しい市場であり，あまりに多くの人が殺し合い，鮮血で海面が赤色に染まるため，「レッド・オーシャン」と呼ばれている。それと相対するのが人の少ない業界で，海水は依然として青さをたたえているため，「ブルー・オーシャン」と称されている。

一部の創業者は「ブルー・オーシャン」でゆったり泳ぐのを好み，彼らは「人気のない」領域において土地を開拓する。時に足が地に着いているように見えるが，結果的に「ブルー・オーシャン」の大半は「死海」に変わる。例えば，ある創業者はゴルフ練習補助ソフトを開発し，そのソフトはコースのレイアウトやフォームの矯正，クラブを振った回数を記録するなどの機能を搭載し，ゴルフ愛好家の需要を完璧に満たすものであった。一つの製品としてはかなり出来の良いものだったが，売り上げの結果は理想的とは言えなかった。中国には500万人のゴルフ愛好家がいるにもかかわらず，この種の高性能ソフトに興味を抱く人は極めて少なく，その中でもお金を払ってまで購入しようとする人は気の毒なほど少なかったのである。開発者が得た利潤も推して知るべしである。よって製品がどれだけよくできていても，大きな市場を満足させられなければ，労力の無駄になってしまう。

「ブルー・オーシャン」を選ぶのはすべて間違いであるとは言えないが，この選択をする前に，そこが「ブルー・オーシャン」となっている要因を明確にしなければならない。まさに人跡まれな湾岸に泳ぎに行くようなもので，海に入る前にどうして誰もここに泳ぎに来ていないのかを少し考えてみるのが一番である。一方，人でごった返すビーチで泳ぐのをむしろみんなが選ぶのは，少なくともそこが安全であることを物語っている。

創業する際に無視してならないことは，ある種の領域の競争が確かに厳しいものであっても，その競争は相対的なもので，まさに市場が巨大であるために，利潤も多く，競争相手も多い。ある種の領域は狭すぎるために競争相手も多くはなく，パイの分配先もおのずと減るが，残念ながらパイ自体も更に小さくなる。実際の利益がなければ，どうして成功を得ることを語ることができようか。

07 (1) 問：为什么有人把商界叫作“商海”？

（どうして実業界を「ビジネス・オーシャン」と呼ぶ人がいるのか。）

答：① 因为商界如海洋一样广阔。（ビジネス界は海のように広いから。）

❷ 因为商界像大海一样危险。（ビジネス界は大海のように危険だから。）

③ 因为经商所获的利润很大。（ビジネスで得られる利潤が大きいから。）

④ 因为从商的人实在太多了。（ビジネスに携わる人が実に多いから。）

08 (2) 問：为什么说选择“蓝海”也未必正确？（どうして「ブルー・オーシャン」を選ぶのは必ずしも正しいとは言えないのか。）

答：① 因为一旦作了选择就无法改变。
（いったん選択をしたら変えることができないから。）

② 因为“蓝海”里竞争同样激烈。
（「ブルー・オーシャン」での競争も同様に厳しいから。）

❸ 因为劳而无功的可能性非常大。
（労多くして功少なしの可能性が高いから。）

④ 因为“蓝海”不适合高端产业。
（「ブルー・オーシャン」はハイテク産業に合っていないから。）

09 (3) 問：文中的高尔夫练习软件为什么失败了？
（文中のゴルフ練習ソフトはなぜ失敗したのか。）

答：**❶ 因为没能获得预想的经济利益。**
（予想した経済的利益が得られなかったから。）

② 因为根本不能满足客户的要求。
（全く顧客のニーズを満たすことができなかったから。）

③ 因为把使用软件的用户搞错了。
（ソフトを使用するユーザーを間違えてしまったから。）

④ 因为高尔夫爱好者的数量不够。
（ゴルフ愛好者の数が足りなかったから。）

10 (4) 問：选择冷门领域创业应该先搞清楚什么？（人気のない領域を選んで創業するのにまずはっきりさせなければならないことは何か。）

答：① 该怎样避免来自同行的竞争？
（どのように同業者との競争を避けるべきなのか。）

② 该如何在这个领域站稳脚跟？
（どのようにすればこの業界に地歩を固められるか。）

③ 怎样让该领域变得更加安全？
（どのようにしてこの領域をずっと安全なものに変えるか。）

❹ **为什么多数人不涉足该领域？**

（どうして多くの人がこの領域に踏み込んでいないのか。）

11 ⑸ 問：与本文内容不相符的是以下哪一项？

（本文の内容と一致しないものは，次のどれか。）

答：① 市场巨大的结果是，获利有限但相对安全。（市場が大きいことの結果は，獲得利益が有限であるが相対的に安全なことである。）

② 产品开发的成功并不意味着销售也会成功。

（製品開発の成功は決して売り上げの成功を意味するものではない。）

❸ **竞争者越少，获得巨额利润的可能性越大。**

（競争相手が少ないほど，巨額の利益を得る可能性がより高い。）

④ 再好的产品，没有市场也就不能获得效益。

（いかによい製品でも，市場がなければ効果と利益を得ることができない。）

⑹～⑽の中国語

20 总有人把“在大城市生活”与“在大城市待着”混为一谈，这种现象在小城市尤为明显。有些人或为读书，或因工作，在大城市待过几年再返回家乡后，他们几乎都有一个共同的感受，那就是大城市空气太糟糕、人情太冷漠、房租太昂贵、饭菜太难吃等等。总之一句话“大城市一点儿意思都没有，还是家乡这个小城市好。”

21 之所以会这样，恐怕是由于他们的心并未真正离开家乡，只不过是人换了个地方，依旧去过家乡的生活而已。他们吸足了大城市的雾霾、挤够了大城市的地铁，却没有享受到大城市迷人的人文气息，便捷的公共服务系统以及开放的人际交往氛围。他们以小城市更好为借口，纵容自己仅仅是待在而不是融入大城市，陷入一边抱怨一边忍耐的恶性循环。

的确，大城市存在着各种问题，有些问题甚至极为严重。但大城市真的如他们所说的那样一无是处吗？当你选择停步或退缩的时候，大城市和小城市也许没什么区别。然而，当你想要迈步前行时，城市大小的差距就显现出来了。能拥有多少真正的朋友？能遇到几位人生的导师？自己的路究竟能走多远？大城市能为你提供的条件远不是小城市所能企及的。在那里，你的努力会让成功的大门向你敞开。

21 如果命运的巨浪已经将你送进了大城市，你该怎样应对呢？答案是积极融入大城市的生活，主动发现大城市的美好。即使你有一天回到小城市了，希望你能自豪地说：“我在大城市生活过，我知道那里的好。”而不是“我在大城市待过，那里什么都不好。”

前者叫归隐，后者叫无知。

訳：「大都市で生活すること」と「大都市に滞在すること」を混同して語る人はいつもいるが，この現象は小都市においてとりわけ顕著である。ある人が，勉強なり仕事なりで大都市に何年か滞在して故郷に帰ったあと，彼らのほとんどが共通の感覚をもつ。それは大都市の空気はあまりにひどく，人は冷たく，家賃は高すぎで，飯はまずいなどといったもので，ひと言で言えば「大都市はちっとも面白くなく，やっぱり故郷の小都市のほうがよい」ということである。

このようになる理由は，恐らく彼らの心が本当に故郷から離れたわけではなく，単に場所を変えただけで，依然として故郷の生活を送りに行ったにすぎないからである。彼らは大都市のスモッグを吸い，大都市の混んだ地下鉄に揺られはしたが，大都市の魅力的な文化的な空気，便利な公共サービス，そして開放的な人的交流の雰囲気を享受したわけではないのである。彼らは小都市のほうがよいことを言い訳に，自分がただ滞在しているだけで，大都市に自らが溶け込まないでいることを容認し，恨みを抱えながら耐えているという悪循環に陥ってしまったのである。

確かに，大都市はさまざまな問題を抱えており，極めて深刻な問題もある。しかし，大都市は本当に彼らが言うような長所が一つもない場所なのだろうか。あなたが歩みを止めたり，後ずさりすることを選ぶときは，大都市は小都市とそれほど違いがないのかもしれない。しかし，あなたが前に進もうと思ったとき，都市の大小の差は顕在化する。真の友をどれだけもつことができるか。人生の師と仰ぐ人に何人巡り会えるのか。自分の道を一体どれだけ歩いていけるのか。大都市があなたに提供できる条件は小都市で達成できることの比ではないのである。そこでは，あなたの努力次第であなたに成功への門戸が開かれているのである。

もし運命の波があなたを大都市へ送り込んだなら，あなたはどのように対処すべきだろうか。答えは大都市の生活に積極的に溶け込み，自発的に大都市の美点を見つけることである。たとえあなたがある日，小都市に戻ったとしても，誇りをもって「わたしは大都市で生活したことがあり，その良さを知っている」と言ってもらいたい。「わたしは大都市で過ごしたけど，そこは何にも良いことがなかった」ではなく。

前者を隠棲と呼び，後者を無知と言うのである。

23 (6) 問：导致部分人误解大城市的原因是什么?
(一部の人が大都市を誤解することになる原因は何か。)
答：① 他们往往没有返回故乡的合适的借口。
(彼らは往々にして故郷に戻るのに都合のよい言い訳がない。)
② 他们不喜欢大城市那种人际交往氛围。
(彼らは大都市のあの人間関係の雰囲気が好きではない。)
③ 他们在大城市里都很难找到知心朋友。
(彼らはみな大都市において気心が知れた友人を見つけにくい。)
❹ 他们没搞清在大城市生活的真正含义。
(彼らは大都市の生活の真の意味をつかめていない。)

24 (7) 問：一部分人对大城市的哪些地方不满意?
(一部の人は大都市のどの点に満足していないのか。)
答：**❶ 吃饭住房等方面不如小城市。**
(食や住居などにおいて小都市には及ばないこと。)
② 道路标志不明显，容易迷路。
(道路標識がはっきりせず，迷いやすいこと。)
③ 大城市的人都有太多的抱怨。
(大都市の人はみな多くの不満をもちすぎること。)
④ 大城市距离自己的家乡太远。
(大都市が自分の故郷から遠すぎること。)

25 (8) 問：作者想告诉读者的是什么? (作者が読者に言いたいことは何か。)
答：① 城市不管大小都有各自的优点和缺点。
(都市には大小にかかわらずそれぞれ長所と短所があること。)
❷ 大城市的很多优点是小城市所没有的。
(大都市の多くの利点が小都市にはないこと。)
③ 去大城市是改变自己命运的唯一选择。
(大都市に行くのが自分の運命を変える唯一の選択であること。)
④ 去过大城市以后都会产生一种自豪感。
(大都市に行ったあとには一種の誇りが芽生えること。)

26 (9) 問：怎样才算真正在大城市生活?
(どのようであれば真に大都市で生活したことになるのか。)

答：① 拥有几个能够指导自己的老师。
（幾人かの自分を指導することができる先生がいること。）

② 在大城市待的时间必须足够长。
（大都市にとどまる時間が十分に長くなること。）

❸ **积极融入其中并发现其闪光点。**
（積極的にその中に溶け込み，きらめきを見いだすこと。）

④ 熟悉所在城市的每一条地铁线。
（滞在する都市のあらゆる地下鉄の路線を熟知すること。）

27 ⑽ 問：与本文内容相符的是以下哪一项？
（本文の内容と一致するものは，次のどれか。）

答：① 小城市的人大都害怕离开自己的家乡。
（小都市の人の大部分は自分の故郷を離れるのを恐れている。）

② 一个人能否成功取决于他居住的地方。
（人の成功の可否はその人が住む場所によって決まる。）

③ 出生在小城市的人不该去大城市生活。
（小都市に生まれた人は大都市に出て生活すべきではない。）

❹ **大城市的确有许多不尽如人意的地方。**
（大都市は確かに自分の思いどおりにならないところが多い。）

2 **600字程度の文章を聞いたあと，指定された5か所の文を漢字で書き取ります。全体の内容を理解しながら，正しく漢字で書く能力を問います。**（各10点）

37 一个学习人类学的学生问自己的导师，“到底什么才是人类文明的最初标志。”导师让在场的其他学生说出各自的答案，有人说是“石器和鱼钩等工具的发明和使用”，(1)也有人说是“火的发现和利用使人类不再茹毛饮血，人的寿命也因此而得以逐渐延长”；另外的学生则反驳道“告别赤身裸体时代”才是文明的开始。而老师最后给出的答案却令学生们颇感意外。

38 老师说，其实人类文明的最初标志是一个非常具体的东西，那就是我们发现的一块折断之后又愈合了的人类大腿骨的化石。(2)面对学生们迷惑不解的神情，老师解释道，不管什么动物，大腿骨的骨折都是十分危险的。因为大腿骨骨折的最直接的后果就是无法奔跑，而奔跑跳跃恰恰是所有的动物获取食物，逃避敌人所必须具有的最基本的生存能力。(3)不能奔跑，就无法独立猎食，无法接近水源，无法避免成为其他动物口中的美餐。所以，一旦大腿骨骨折，就意味着死亡。动物是如此，早期的人类当然也不例外。

39 这块曾经折断后又愈合的大腿骨化石说明了什么呢？说明这个伤者是经过他人救助的。而且这个救助还是较长时间的，(4)有人为他处理伤口，有人给他提供饮食，也有人保护他不受其他动物的袭击，直到他痊愈。

老师最后说了一句意味深长的话："(5)当同伴遇到困难的时候，能伸出援手，为其提供尽可能的帮助，这才是人类文明的起点。"

訳：人類学を学ぶある学生が自分の指導教員に「人類文明の最初のシンボルは一体何か」と尋ねた。指導教員はその場にいた他の学生にそれぞれ答えさせたところ，ある者は「石器と釣り針などの道具の発明と使用」と言い，(1)またある者は「火の発見と利用によって人類が原始的な生活様式をやめ，人の寿命もこれによって次第に長らえることができた」とも述べた。その他の学生は「素っ裸の時代に別れを告げたこと」こそが文明の始まりであると反論した。そして先生が最後に出した答えは学生にとって実に意外なものであった。

先生が言うには，実は人類文明の最初のシンボルは極めて具体的なもので，それは我々が発見した，一度折れたあとにまた接合された人類の大腿骨の化石であった。(2)学生たちが不可解な表情を浮かべたのに向き合って，先生は，どんな動物であっても，大腿骨の骨折はとりわけ危険なものであると解説をした。大腿骨の骨折の最も直接的な影響は走ることができなくなることであり，走ったり跳んだりすることはまさにあらゆる動物が食物を獲得し，敵から逃げるために必要とされる最も基本的な生存能力である。(3)走れないということは，自力で狩りをすることも，水源に近づくこともできず，他の動物の餌食になってしまうことが避けられなくなってしまう。だから，いったん大腿骨を骨折してしまうと，それは死を意味する。動物がそうであれば，初期の人類も当然例外ではない。

この一度骨折したあとに接合した大腿骨の化石は何を意味するのだろうか。この負傷者が他人の救助を得ていたことを物語っているのである。更にこの救助は比較的長期間にわたるもので，(4)彼のために傷口を処理し，飲食を提供し，彼がその他の動物の襲撃を受けないように保護した人が存在していたのである，しかも彼が治癒するまで。

先生は最後に含蓄に富んだことをおっしゃった。「(5)つまりあなたの連れ合いが困難に遭遇したとき，援助の手を差し伸べ，できる限りの手助けを提供することこそが，人類文明の起点なのである」と。

筆　記 （⇨問題69頁）

1 900字程度の文章を読み，流れをつかんで適当な語句を補う8問，正しいピンインを選ぶ1問，内容の理解を問う1問に答えます。語句の知識と読解力を問います。 （各2点）

解答：(1)❷　(2)❸　(3)❶　(4)❹　(5)❸　(6)❷　(7)❸　(8)❶　(9)❷　(10)❹

如果说疾病是对人类个体身心的摧残，那么传染病则是对整个人类社会文明进程的一次阻碍。在它面前，人类的生命竟是那么脆弱，那么 (1)不堪一击 。

千百年来，人类与瘟疫的斗争从未停息。瘟疫不像其他自然灾害那样声势浩大，也不像战场上的血腥厮杀，但其凶险程度却有过之而无不及。

有学者认为盛极一时的印加文明极有可能是毁于一场恐怖的瘟疫。公元二世纪中后期的安东尼瘟疫 (2)重创 了罗马帝国的政治和社会生活，成了历史的转折点。

几乎就在同时，中国的东汉政权也面临着巨大的威胁，大规模的瘟疫流行间接引发了农民起义，最终导致了汉王朝的 (3)覆灭 。

爆发于14世纪下半叶的黑死病， (4)造成 2500万人的死亡。瘟疫给欧洲文明的走向带来了重大影响，欧洲社会的政治、经济、文化、宗教、科技等均遭受了剧烈的冲击。

令人记忆犹新的是1918年开始大流行的“西班牙流感”。在短短的一年多时间里，病毒使10亿人感染，死亡人数比死于第一次世界大战的人数还多！流感的(5)肆虐 sìnüè 成了这次大战提早结束的原因之一，因为各国都已经没有 (6)额外 的兵力能够继续作战了。

古今中外给人类带来伤痛与死亡的瘟疫不计其数，人类为战胜瘟疫而付出的努力和牺牲也不可胜数，结果如何呢？尽管现代科技和医疗水平已有了 (7)突飞猛进 的发展，但面对此次全球流行的新冠病毒，我们能做的也不过是闭门不出而已。给自己关 (8)禁闭 ，既是对抗的手段，也是投降的姿态。在有效疫苗发挥作用之前，在尚无特效药可用的情况下，任何公共场所都不能令人放心大胆地利用，整个社会的运作也不得不减缓甚至停止。

此次疫情不知何时会离我们远去，也不知它是否会卷土重来，我们更无法预测下一个灾难何时降临人间。我们能做的就是接受历史教训，与大自然和谐相处，⑼健全 各类应急机制，让更多的人拥有一个相对安全的生存环境。

訳：もし病気が人類における個体の心身に対する破壊であるとするなら，伝染病は人類全体の社会文明の進展への障害と言える。その前では，人類の生命はかくももろく，ひとたまりもないものである。

数千年にわたって，人類と疫病の闘いはいまだに終息していない。疫病はその他の自然災害のようにすさまじい勢いはしておらず，戦場のように血生臭い殺戮《さつりく》とも似ていないが，その凶悪さの程度では勝るとも劣らないものである。

ある学者は一世を風靡《ふうび》したインカ文明が恐ろしい疫病によって滅んだ可能性が極めて高いと考えている。2 世紀中後期のアントニヌスの疫病はローマ帝国の政治と社会生活を破壊し，歴史の転換点となった。

ほぼ同時期に，中国の後漢の政権も巨大な脅威に直面し，大規模な疫病の流行は間接的に農民の蜂起を引き起こし，最終的に漢王朝を滅亡に導いた。

14 世紀後半に猛威を振るったペストは，2500 万人の死亡者を出した。疫病がヨーロッパ文明の行方に重大な影響を及ぼしたことで，ヨーロッパ社会の政治，経済，文化，宗教，科学技術などがひとしく激しい衝撃を受けたのである。

記憶に新しいのは 1918 年に流行し始めた「スペイン風邪」である。わずか 1 年余りの間に，ウイルスは 10 億人に感染し，死亡者数は第一次世界大戦で死亡した人数を上回るものだった！インフルエンザの猛威はこの大戦の早期終結の原因の一つとなったが，それは各国が作戦を継続できるだけの余剰の兵力がすでになかったためである。

古今東西で人類に傷の痛みと死をもたらした疫病は数え切れないほど多く，人類が疫病との闘いのために払った努力と犠牲も数え切れないが，その結果はどうだっただろうか。現代の科学技術と医療水準は目覚ましく発展してはいるものの，このたびの地球規模で流行している新型ウイルスに直面して，我々ができることといったら家にこもることのみである。自分に監禁を課することが，すなわち対抗手段であり，降参の姿勢でもある。有効なワクチンが効果を発揮する前の段階で，特効薬がいまだに使えない状況では，いかなる公共の場所も安心して心おきなく利用することもできず，社会全体の動きも減速，ひどいときは停止せざるをえない。

このたびの疫病がいつ我々から遠ざかるか分からず，再び息を吹き返すかもしれず，我々は更なる災難がいつ世の中に降りかかるか予想することもできない。我々ができることは歴史の教訓を受け入れ，大自然と調和し，各種の応急の体制を整え，より多くの人に相対的に安全な生存環境を保たせることなのである。

(1) 空欄補充

① 不名一文 bùmíng-yìwén　❷ 不堪一击 bùkān-yìjī

③ 不一而足 bùyī’érzú　④ 不屑一顾 búxiè-yígù

“传染病则是对整个人类社会文明进程的一次阻碍” を受けて “人类的生命竟是那么脆弱” とあることから，“不堪一击”（ひとたまりもない）を選びます。“不名一文” は「一文もない」，“不一而足” は「一つにとどまらない」，“不屑一顾” は「一顧だに値しない」です。

(2) 空欄補充

① 创新 chuàngxīn　② 创伤 chuāngshāng

❸ 重创 zhòngchuāng　④ 中伤 zhòngshāng

目的語に “罗马帝国的政治和社会生活” をとっていることから，“重创”（大きな痛手を与える）を選びます。“创新” は「新しいものを創り出す」，“创伤” は「傷」，“中伤” は「中傷する」です。

(3) 空欄補充

❶ 覆灭 fùmiè　② 歼灭 jiānmiè　③ 熄灭 xīmiè　④ 破灭 pòmiè

“最终导致了” の目的語であり，連体修飾語 “汉王朝” が修飾していることから “覆灭”（壊滅）を選びます。“歼灭” は「皆殺しにする」，“熄灭” は「(火や明かりが) 消える」，“破灭” は「(幻想や希望が) 消えうせる」です。

(4) 空欄補充

① 形成 xíngchéng　② 促成 cùchéng　③ 达成 dáchéng　❹ 造成 zàochéng

“2500 万人的死亡” を目的語にとっていることから “造成”（引き起こす）を選びます。“形成” は「形づくる」，“促成” は「促す」，“达成” は「達成する」です。

(5) ピンイン表記

① sìniè　② shìnüè　❸ sìnüè　④ shìniè

(6) 空欄補充

① 格外 géwài　❷ 额外 éwài　③ 除外 chúwài　④ 分外 fènwài

名詞の“兵力”を修飾することから形容詞“额外”（超過した）を選びます。“格外”は副詞で「格別に」，“除外”は動詞で「除外する」，“分外”は副詞で「とりわけ」です。

⑺ 空欄補充

① 异军突起 yìjūn-tūqǐ
② 突如其来 tū rúqí lái
❸ 突飞猛进 tūfēi-měngjìn
④ 风云突变 fēngyún-tūbiàn

肯定的な意味を含む“发展”を修飾することから“突飞猛进”（目覚ましく進歩する）を選びます。“异军突起”は「新勢力がやって来る」，“突如其来”は「突然やって来る」，“风云突变”は「形勢が急変する」です。

⑻ 空欄補充

❶ 禁闭 jìnbì　② 禁令 jìnlìng　③ 禁锢 jìngù　④ 禁地 jìndì

動詞“关”の目的語になり連語を構成することから“禁闭”（監禁する）を選びます。“禁令”は「禁止令」，“禁锢”は「監禁する」，“禁地”は「立ち入り禁止区域」です。

⑼ 空欄補充

① 成全 chéngquán
❷ 健全 jiànquán
③ 顾全 gùquán
④ 齐全 qíquán

“各类应急机制”を目的語にとることから“健全”（完備させる）を選びます。“成全”は「手助けする」，“顾全”は「気を配る」，“齐全”は「そろっている」です。

⑽ 内容不一致

① 战争给人类带来的危害尚不及瘟疫的流行。
（戦争が人類にもたらした損害は疫病の流行には及ばない。）

② 在大自然面前，人类的力量是微不足道的。
（大自然の前では，人類の力は取るに足らないものである。）

③ 人类至今也没能让瘟疫从地球上销声匿迹。
（人類はいまだに疫病を地球上から消滅することができずにいる。）

❹ 世界历史的进程从未因瘟疫而有任何改变。
（世界における歴史の歩みは疫病によっていかなる変化も被ったことがない。）

2 適当な語句を補います。読解力と語句の知識を問います。　(各2点)

解答：(1) ❶　(2) ❹　(3) ❸　(4) ❷　(5) ❹　(6) ❸　(7) ❶　(8) ❷　(9) ❹　(10) ❸

(1) 你们都不觉得这件事里有什么（ 蹊跷 ）吗？
(君たちはこの件は何かがありそうだと感じないのか。)

❶ 蹊跷 qīqiao　② 蹉跎 cuōtuó　③ 蹒跚 pánshān　④ 踟蹰 chíchú

“蹊跷”は「怪しい，うさんくさい」，“蹉跎”は「無駄に過ごす，ぼやぼやする」，“蹒跚”は「千鳥足で歩く，ヨロヨロする」，“踟蹰”は「ためらう，グズグズする」です。

(2) 看着眼前（ 湍急 ）的河流，大家都不知如何是好。
(目の前の激しい川の流れに，皆どうすればよいか分からなかった。)

① 滂沱 pāngtuó　② 潇洒 xiāosǎ　③ 涤荡 dídàng　❹ 湍急 tuānjí

“滂沱”は「雨が激しく降るさま」，“潇洒”は「(振る舞いや風貌が)自然だ，スマートだ」，“涤荡”は「汚れを洗い清める」，“湍急”は「流れが急である」です。

(3) 听他说话的口气，（ 俨然 ）是久经沙场的老战士了。
(彼の話す口調は，さながら百戦錬磨の老戦士のようだった。)

① 哗然 huárán　② 悍然 hànrán　❸ 俨然 yǎnrán　④ 固然 gùrán

“哗然”は「騒がしい」，“悍然”は「横暴だ，ずうずうしい」，“俨然”は「まるで…のようだ」，“固然”「もとより…だが」です。

(4) 他全面继承老师的（ 衣钵 ），成了该领域的领军人物。
(彼は先生の衣鉢をまるごと継ぎ，その分野のリーダーとなった。)

① 衣冠 yīguān　❷ 衣钵 yībō　③ 衣着 yīzhuó　④ 衣襟 yījīn

“衣冠”は「服装」，“衣钵”は「衣鉢」，“衣着”は「衣服」，“衣襟”は「前おくみ」です。

(5) 他用寥寥数笔就（ 勾勒 ）出一匹活灵活现的奔马。
(彼はわずかなタッチで生き生きとした奔馬をスケッチした。)

① 勾引 gōuyǐn　② 勾兑 gōuduì　③ 勾连 gōulián　❹ 勾勒 gōulè

“勾引”は「誘惑する」，“勾兑”は「ブレンドする」，“勾连”は「結託する」，“勾勒”は「スケッチする」です。

(6) 他是作为皇帝的特使去前线（ 犒劳 ）将士们的。
（彼は皇帝の特使として前線に赴き兵士たちを慰労した。）

① 效劳 xiàoláo ② 有劳 yǒuláo ❸ 犒劳 kàolao ④ 徒劳 túláo

“效劳”は「力を尽くす」，“有劳”は「苦労をかける」，“犒劳”は「ねぎらう」，“徒劳”は「無駄骨を折る」です。

(7) 这篇文章不经过反复（ 咀嚼 ）是体会不到其精妙之处的。
（この文章は繰り返し味わわなければその味わいを体感することができない。）

❶ 咀嚼 jǔjué ② 吸吮 xīshǔn ③ 呼唤 hūhuàn ④ 吆喝 yāohe

“咀嚼”は「かみしめる」，“吸吮”は「吸う」，“呼唤”は「呼ぶ」，“吆喝”は「大声で叫ぶ」です。

(8) 关键时刻他不得不使出了自己的（ 撒手锏 ）。
（いざというときには彼は自分の奥の手を繰り出さざるをえない。）

① 二把刀 èrbǎdāo ❷ 撒手锏 sāshǒujiǎn
③ 定心丸 dìngxīnwán ④ 当头炮 dāngtóupào

“二把刀”は「知識や技術が未熟である」こと，“撒手锏”は「奥の手」，“定心丸”は「相手を安心させる言動」，“当头炮”は「面と向かって意見を言う」です。

(9) 他实在（ 按捺不住 ）心中的怒火，才动手打了对方。（彼は本当に心の中の怒りを抑えることができなくなって初めて，相手に手を出してしまった。）

① 忍俊不禁 rěnjùn-bùjīn ② 锲而不舍 qiè'érbùshě
③ 应接不暇 yìngjiē-bùxiá ❹ 按捺不住 ànnàbuzhù

“忍俊不禁”は「笑いをこらえきれない」，“锲而不舍”は「努力を怠らない」，“应接不暇”は「応接にいとまがない」，“按捺不住”は「抑えきれない」です。

(10) 公司上层推出这项新制度的目的是（ 不言而喻 ）的。
（会社の上層部がこの新制度を打ち出す目的は言わなくても明らかである。）

① 不知所措 bùzhī-suǒcuò ② 不以为然 bùyǐwéirán

❸ 不言而喻 bùyánéryù　　　　　　④ 不择手段 bùzé-shǒuduàn

“不知所措”は「どうしたらよいか分からない」,“不以为然”は「そうとは思わない」,“不言而喻”は「言わなくても明らか」,“不择手段”は「手段を選ばない」です。

3 正しく解釈した文を選びます。語句や表現の意味についての知識を問います。

（各2点）

解答：(1)❹　(2)❷　(3)❸　(4)❹　(5)❶　(6)❷　(7)❸　(8)❶

(1) 所有看过那本书的人都说作者写的内容太晦涩了。

（その本を読んだすべての人はみな作者が書く内容はあまりにも難解だと言う。）

① 形容篇幅过于冗长。（文章があまりに冗長であることを形容する。）

② 形容很容易感动人。（簡単に人を感動させることを形容する。）

③ 形容内容过于消极。（内容があまりに消極的であることを形容する。）

❹ 形容很不容易弄懂。（簡単には理解できないことを形容する。）

(2) 恐怕连他自己都没有想到这个计谋居然得逞了。

（恐らく彼自身さえもこの策略がうまくいったとは思わなかっただろう。）

① 指得到多数人的认可。（多くの人の同意を得ることを指す。）

❷ 指达到某种不良目的。（ある種の好ましからぬ目的を達成することを指す。）

③ 指某个秘密被人发现。（ある秘密が人に見つかってしまうことを指す。）

④ 指某项计划被人破坏。（ある計画が人に打ち壊されることを指す。）

(3) 这次体能测验的结果是有一多半的学生将将达标。

（今回の体力測定の結果は半数以上の学生がかろうじて目標に達した。）

① 指即将达到某种程度。

（ある種の程度にまさに達しようとしていることを指す。）

② 指大大超过某个目标。（ある目標を大きく超えることを指す。）

❸ 指勉强达到一定程度。（なんとか一定の程度に達することを指す。）

④ 指距离目标相差很远。（目標までの隔たりの差が大きいことを指す。）

(4) 经过几轮谈判之后，对方手里的筹码已经所剩无几了。

（何度かの交渉のあとには，相手の手の内のカードがほとんど残っていなかった。）

① 比喻当初的美好愿望。（当初の甘い願望をたとえる。）

② 比喻事先准备的资金。（事前に準備する資金をたとえる。）

③ 比喻能够实现的计划。（実現できる計画をたとえる。）

❹ **比喻可以利用的条件。**（利用できる条件をたとえる。）

⑸ 教室外边突然一阵喧哗，分散了学生们的注意力。

（教室の外が突然騒がしくなり，学生たちの注意をそらしてしまった。）

❶ **形容声音大而杂乱。**（声が大きくざわついていることを形容する。）

② 形容有人正在打架。（誰かがけんかをしていることを形容する。）

③ 形容很美妙的歌声。（きれいな歌声を形容する。）

④ 形容很凄凉的哭声。（痛ましい泣き声を形容する。）

⑹ 政府高官在接种疫苗时加塞儿一事成了当地民众热议的话题。

（政府高官がワクチン接種のときに列に割り込んだ事件は現地の人々の間でとかくのうわさになった。）

① 比喻主动站在最后边。（自発的に最後尾に並ぶことをたとえる。）

❷ **比喻插进排好的队列。**（並んでいる列に割り込むことをたとえる。）

③ 比喻放弃既得的利益。（既得権益を放棄することをたとえる。）

④ 比喻让他人替代自己。（他人に自分と代わらせることをたとえる。）

⑺ 他总是把别人的忠告当成耳边风，结果吃了大亏。

（彼はいつも人の忠告を聞き流したので，結局，ひどい目に遭った。）

① 比喻听起来显得很幼稚的话。（幼稚に聞こえる言葉をたとえる。）

② 比喻让人听了很不舒服的话。（人に聞いて気分を悪くさせる話をたとえる。）

❸ **比喻听了也不放在心上的话。**

（耳にしても心にとどめていない話をたとえる。）

④ 比喻一般人都不常听到的话。

（一般の人が常には耳にしない話をたとえる。）

⑻ 听说畅销书排行榜上第一和第二的销售量不相上下。

（ベストセラーランキングで1位と2位の販売数が拮抗《きっこう》しているそうです。）

❶ **形容水平大致相当，难分高低。**

（レベルが大体同じで，優劣をつけにくいことを形容する。）

② 形容相比之下还有很大的差距。

（比較の上ではまだ大きな隔たりがあることを形容する。）

③ 形容能够与之相比的并不多见。

（比肩しうる者は決して多くないことを形容する。）

④ 形容不愿意跟其他的进行比较。

（他と比較されることを望んでいないことを形容する。）

4 **600字前後の文章を読み，2か所の文を日本語に訳します。全体の内容を理解しながら日本語に翻訳する力を問います。** （各10点）

一件东西用久了，自然会变得黯淡，陈旧，甚至缺失、破损，我们习惯称之为“旧东西”。旧东西是过时的，不受用的，不招人喜爱的。俗话说：(1)旧的不去，新的不来。“除旧布新”、“辞旧迎新”、“喜新厌旧”这些词语都表明，“旧”是不大受人们欢迎的。与“旧”词义相近，而人们也经常使用的另一个字是“老”。“旧”是物质性的，而“老”却有非物质的一面，是一种时间的内容，比如老朋友、老房子等。时间是一种历史，含着一种记忆、一种情感。如果说某件东西是“旧东西”，似乎就意味着它需要更新，甚至会被舍弃。而说它是“老物件儿”，那它就含有历史的成分了，需要考察，需要保护。

(2)近些年来，中国各地的城市建设进行得如火如荼，有一种人们耳熟能详的说法叫作“旧城改造”。因为是“旧”城，所以拆起来不心疼，不手软；以致本该予以保护的街道、建筑等瞬间化为乌有。如果换成“老城”或“古城”这一说法，情况也许就大不一样了，由拆除变修缮，由开发变保护。两种不同的观念会使一座城市面临两种不同的命运。

訳：あるモノが長らく用いられると，自然と色あせたり，古びたり，ひどいときには欠けたり，壊れたりするが，我々はこれを“旧东西”と習慣的に呼んでいる。旧《ふる》いものは，時代遅れで，役に立たなくなり，人から愛されなくなってしまう。俗に言うように(1)「旧いものが去らなければ，新しいものが来ない」である。“除旧布新”（旧いものを取り除き，新しいものを作り上げる），“辞旧迎新”（旧年を送り，新年を迎える），“喜新厭旧”（新しいものを好み，旧いものを嫌う）といった言葉は皆，“旧”があまり人から歓迎されていないことを表している。“旧”の類義語であり，人々がよく使う字には“老”がある。“旧”は物質的である一方で，“老”は非物質的な側面があり，例えば“老朋友”（昔からの友達）や“老房子”（古い家）など，これは一種の時間的な内容である。時間は一種の歴史であり，一種の記憶や感情を含んでいる。もしあるものが“旧东西”と言われるものなら，それは捨てる必要があり，更新する必要があることを意味するようだ。またそれが“老物件儿”と言われるのであるなら，それは歴史的な要素を含むものとなり，考察し，保護する必要のあるものとなる。

(2)近年，中国各地の都市建設は猛烈な勢いで進行していて，耳慣れた言い方では“旧城改造”（旧市街のリニューアル）と呼ばれている。それが“旧”街なら，それが壊されても心は痛まず，情けは無用である。本来なら保護すべき街道や建築なども瞬時に消えうせてしまうことになる。もし“老城”や“古城”という言い方に換えれば状況は大きく異なり，取り壊しから修繕へ，開発から保護へと変わるかもしれない。2つの異なる観念によって1つの街が2つの異なる運命に直面することになるのかもしれない。

5 **100字程度の日本語の文章2題を中国語に訳し，指定された語句を使用して1つの事柄について作文します。会話，手紙，論説などの少しまとまった長さの文章を組み立てる能力を問います。** （各8点）

(1) 新型コロナウイルス感染者数の拡大に伴い，「ニューノーマル」への移行が言われる中，新しい働き方が模索されている。中でも在宅勤務などテレワークの導入は多くの企業に広まってきた。一方で，テレワーク下での生産性向上，スムーズな意思疎通の必要性など，直面する課題も増えている。

随着新型冠状病毒的影响以及伴随而来的“新常态”的出现，人们正在摸索新的工作方式。其中，居家工作等远程方式的导入在很多企业普及开来。另一方面，远程工作方式下，如何提高生产性，保持沟通的顺畅等，面临的课题也在增加。

「ニューノーマル」は“新常态”が定訳，「…に伴う」を“随着”または“伴随着”に，「在宅勤務」を“居家工作”に，「スムーズな意思疎通」は“沟通顺畅”あるいは“交流顺畅”と訳します。

(2) 今の社会には，強い学校信仰がある。全国の中学卒業者の約99%が高校へ進学している。ところで，学校の生徒は，先生と教科書にひっぱられて勉強する。自学自習という言葉こそあるけれども，独力で知識を得るのではない。いわばグライダーのようなものだ。自力では飛び上がることはできない。

现在的社会，有着强烈的学校信仰。全国中学生的百分之九十九都升入高中。但是，学校的学生被老师和教科书牵着学习。虽然有自学这个词，但它并不是靠自己的力量去获得知识。可以说是像滑翔机一样的情况，靠自己的力量是飞不上天的。

「ひっぱられて」は“牵着”または“牵着鼻子”で，“拉着”は適当ではありません。「いわば」は“说起来”，「高校へ進学」は“升入高中”と訳します。

(3)「余暇の過ごし方」について “读书”“社交软件”“睡懒觉”“家务”“运动”の中から３つ以上を使用

（作文例）**近年来，人们的业余生活跟以前有了很大的不同，除了传统的读书和户外运动以外，不少人还利用手机或电脑阅读电子书籍；花钱去健身房锻炼身体的人也越来越多。还有一个现象，就是不少人跟自己的好朋友从未见过面，因为他们是通过社交软件认识并交流的。**

（近年，人々の余暇の過ごし方には以前とは大きな変化が見られます。伝統的な読書や屋外での運動のほか，少なからぬ人々が携帯電話（スマホ）あるいはパソコンを利用して電子書籍を読んでおり，お金をかけてスポーツジムに行って身体を鍛える人もますます多くなっています。また，SNSを通じて知り合い交流をしているため，仲の良い友人と会ったことがない人が少なくない，という現象が起こっています。）

与えられた語句を用いて「余暇の過ごし方」を語る場合，現在の余暇の過ごし方が過去とどのように違うのかを述べることができます。作文例では，“读书”“社交软件”“运动”の３語を使っています。“跟…不同”“越来越…”等の表現を取り入れ，変化を表すとよいでしょう。また，“还有”を用いて新たな情報を付加し，“因为”を用いて理由や原因にまで言及すると内容に広がりが出ます。

中国語検定試験について

一般財団法人 日本中国語検定協会が実施し，中国語運用能力を認定する試験です。受験資格の制限はありません。また，目や耳，肢体などが不自由な方には特別対応を講じます。中国語検定試験の概要は以下のとおりです。詳しくは後掲（99頁）の日本中国語検定協会のホームページや，協会が発行する「受験案内」をご覧いただくか，協会に直接お問い合わせください。

認定基準と試験内容

準4級	**中国語学習の準備完了** 学習を進めていくうえでの基礎的知識を身につけていること。 （一般大学の第二外国語において半年以上，高等学校において一年以上，中国語専門学校・講習会等において半年以上の学習程度。） 基礎単語約500，日常あいさつ語約80から ○単語・語句の発音，数を含む表現，日常生活における基本的な問答及びあいさつ表現の聞き取り ○単語・語句のピンイン表記 ○基礎的な文法事項及び単文の組み立て ○簡体字の書き取り
4　級	**中国語の基礎をマスター** 平易な中国語を聞き，話すことができること。 （一般大学の第二外国語において一年以上の学習程度。） 常用語約1,000から ○日常生活における基本的な問答，比較的長い会話文または文章の聞き取りと内容理解 ○単語・語句のピンイン表記・声調 ○基本的な文法事項及び文法事項を含む単文の組み立て ○比較的長い文章の内容理解 ○日本語の中国語訳（記述式）
3　級	**自力で応用力を養いうる能力の保証（一般的事項のマスター）** 基本的な文章を読み，書くことができること。 簡単な日常会話ができること。 （一般大学の第二外国語において二年以上の学習程度。） 常用語約2,000から ○日常生活における基本的な問答，比較的長い会話文または文章の聞き取りと内容理解 ○単語・語句のピンイン表記・声調 ○基本的な文法事項及び文法事項を含む単文・複文の組み立て ○比較的長い文章の内容理解 ○日本語の中国語訳（記述式）

2　級	**実務能力の基礎づくり完成の保証** 複文を含むやや高度な中国語の文章を読み，３級程度の文章を書くことができること。 日常的な話題での会話が行えること。 日常生活全般及び社会生活の基本的事項における中国語から ○日常会話及び長文の聞き取りと内容理解 ○長文読解と長文中の語句に関する理解 ○正しい語順と語句の用法，熟語・慣用句を含む語句の解釈 ○長文中の指定語句の書き取り及び指定文の日本語訳（記述式） ○日本語の中国語訳（記述式） ○与えられた語句を用いたテーマに沿った中国語作文（記述式）
準1級	**実務に即従事しうる能力の保証（全般的事項のマスター）** 社会生活に必要な中国語を基本的に習得し，通常の文章の中国語訳・日本語訳，簡単な通訳ができること。 日常生活及び社会生活全般における，新聞・雑誌・文学作品・実用文のほか，時事用語などを含むやや難度の高い中国語から **（一次）** ○長文の聞き取りと内容理解 ○長文中の指定文の書き取り（記述式） ○長文読解と長文中の語句に関する理解 ○語句の用法，熟語・慣用句を含む語句の解釈 ○長文中の指定語句の書き取り及び指定文の日本語訳（記述式） ○比較的長い日本語の中国語訳（記述式） ○与えられた語句を用いたテーマに沿った中国語作文（記述式） **（二次）** ○日常会話，簡単な日本語・中国語の逐次通訳及び中国語スピーチ
1　級	**高いレベルで中国語を駆使しうる能力の保証** 高度な読解力・表現力を有し，複雑な中国語及び日本語（挨拶・講演・会議・会談等）の翻訳・通訳ができること。 日常生活及び社会生活全般における，新聞・雑誌・文学作品・実用文のほか，時事用語などを含む難度の高い中国語から **（一次）** ○長文の聞き取りと内容理解 ○長文中の指定文の書き取り（記述式） ○長文読解と長文中の語句に関する理解 ○語句の用法，熟語・慣用句を含む語句の解釈 ○長文中の指定文の日本語訳（記述式） ○比較的長い日本語の中国語訳（記述式） ○与えられた語句を用いたテーマに沿った中国語作文（記述式） **（二次）** ○難度の高い日本語・中国語の逐次通訳

日程と時間割

準4級，4級，3級，2級及び準1級の一次試験は3月，6月，11月の第4日曜日の年3回，1級の一次試験は11月の第4日曜日の年1回実施します。

一次試験は次の時間割で実施し，午前の級と午後の級は併願できます。

午前			午後		
級	集合時間	終了予定時間	級	集合時間	終了予定時間
準4級	10:00	11:15	4　級	13:30	15:25
3　級		11:55	2　級		15:45
準1級		12:15	1　級		15:45

準1級と1級の二次試験は，一次試験合格者及び一次試験免除者を対象に，一次が3月・6月の場合は5週間後，一次が11月の場合は翌年1月の第2日曜日に実施します。(協会ホームページに日程掲載)

受験会場

全国主要都市に約30か所，海外は4か所を予定しています。二次試験は，原則としてZoomによるオンラインで実施します (2023年4月現在)。

受験料（税込）

郵送またはインターネットで受付けます。

準4級	4　級	3　級	2　級	準1級	1　級
3,500円	4,800円	5,800円	7,800円	9,800円	11,800円

(2023年4月現在)

出題・解答の方式，配点，合格基準点

級	種類	方式	配点	合格基準点
準4級	リスニング	選択式	50点	60点
	筆　記	選択式・記述式	50点	
4　級	リスニング	選択式	100点	60点
	筆　記	選択式・記述式	100点	60点
3　級	リスニング	選択式	100点	65点
	筆　記	選択式・記述式	100点	65点

2 級	リスニング	選択式	100 点	70 点
	筆　記	選択式・記述式	100 点	70 点
準 1 級	リスニング	選択式・記述式	100 点	75 点
	筆　記	選択式・記述式	100 点	75 点
1 級	リスニング	選択式・記述式	100 点	85 点
	筆　記	選択式・記述式	100 点	85 点

・解答は，マークシートによる選択式及び一部記述式を取り入れています。また，録音によるリスニングを課し，特に準１級・１級にはリスニングによる書き取りを課しています。

・記述式の解答は，簡体字の使用を原則としますが，２級以上は特に指定された場合を除き，簡体字未習者の繁体字使用は妨げません。ただし，字体の混用は減点の対象とします。

・４級～１級は，リスニング・筆記ともに合格基準点に達していないと合格できません。準４級は合格基準点に達していてもリスニング試験を受けていないと不合格となります。

・合格基準点は，難易度を考慮して調整することがあります。

二次試験内容

準１級は，面接委員との簡単な日常会話，口頭での中文日訳と日文中訳，指定されたテーマについての口述の３つの試験を行い，全体を通しての発音・イントネーション及び語彙・文法の運用能力の総合的な判定を行います。10～15分程度。合格基準点は 75 点／ 100 点

１級は，面接委員が読む中国語長文の日本語訳と，日本語長文の中国語訳の２つの試験を行います。20～30 分程度。合格基準点は各 85 点／ 100 点

一般財団法人 日本中国語検定協会

〒 103-8468　東京都中央区東日本橋 2-28-5 協和ビル

Tel：03-5846-9751　Fax：03-5846-9752

ホームページ：http://www.chuken.gr.jp

E-mail：info@chuken.gr.jp

試験結果データ（2022 年度実施分）

L：リスニング　W：筆記　口試 1：中文日訳　口試 2：日文中訳

第106回	準4級	4級	3級	2級	準1級	準1級二次	1級一次	1級二次
		L / W	L / W	L / W	L / W	口試	L / W	口試1/口試2
合格基準点	60	60(55)/60(55)	65(50)/65(50)	70(60)/70(60)	75(70)/75(70)	75	−	−
平均点	69.5	61.3/69.8	49.4/56.9	54/55.4	58.1/61.3	90.3	−	−
志願者数	1,026	1,632	2,170	1,114	409	69	−	−
受験者数	901	1,427	1,898	992	373	61	−	−
合格者数	672	837	741	271	64	59	−	−
合格率	74.6%	58.7%	39.0%	27.3%	17.2%	96.7%	−	−

第107回	準4級	4級	3級	2級	準1級一次	準1級二次	1級一次	1級二次
		L / W	L / W	L / W	L / W	口試	L / W	口試1/口試2
合格基準点	60	60/60	65/65	70/70	75(70)/75(70)	75	85/85	85/85
平均点	66.0	72.4/68.8	71.7/66.7	72.6/70.9	59.7/59.4	87.1	77.5/70.7	74.4/75.1
志願者数	2,316	2,441	2,517	1,316	447	81	249	32
受験者数	2,057	2,146	2,182	1,197	409	78	236	30
合格者数	1,360	1,387	1,087	575	79	74	23	13
合格率	66.1%	64.6%	49.8%	48.0%	19.3%	94.9%	9.7%	43.3%

※　二次志願者数には，一次試験免除者を含みます。

※　合格基準点欄（　）内の数字は，難易度を考慮して当該回のみ適用された基準点です。

カバーデザイン：トミタ制作室

音声ストリーミング，ダウンロード

中検準1級・1級試験問題2023［第106・107回］解答と解説

2023年4月22日　初版印刷
2023年4月28日　初版発行

編　者　一般財団法人 日本中国語検定協会
発行者　佐藤和幸
発行所　白 帝 社

〒171-0014　東京都豊島区池袋2-65-1
TEL 03-3986-3271　FAX 03-3986-3272
info@hakuteisha.co.jp　http://www.hakuteisha.co.jp/

印刷 倉敷印刷（株）／㈱ティーケー出版印刷

Printed in Japan　〈検印省略〉　6914　ISBN978-4-86398-552-0

F　第　　　回　準1級　解答用紙　リスニング

受験番号							
会場							
氏名							

記入例

良い例	悪い例

小さすぎたり，はみだしたり，うすすぎたりしないように。

マーク欄全体を塗りつぶしてください。

1

(1)	1	2	3	4
(2)	1	2	3	4
(3)	1	2	3	4
(4)	1	2	3	4
(5)	1	2	3	4
(6)	1	2	3	4
(7)	1	2	3	4
(8)	1	2	3	4
(9)	1	2	3	4
(10)	1	2	3	4

2

		点数
(1)		
(2)		
(3)		
(4)		
(5)		

G　第　　　回　準1級　解答用紙

筆記 1 2 3 4

記入例

良い例	悪い例
▬	▭ ▭ ▭ ▭ ▭ ▭

（小さすぎたり，はみだしたり，うすすぎたりしないように。）

マーク欄全体を塗りつぶしてください。

1

(1)	1	2	3	4
(2)	1	2	3	4
(3)	1	2	3	4
(4)	1	2	3	4
(5)	1	2	3	4
(6)	1	2	3	4
(7)	1	2	3	4
(8)	1	2	3	4
(9)	1	2	3	4
(10)	1	2	3	4

2

(1)	1	2	3	4
(2)	1	2	3	4
(3)	1	2	3	4
(4)	1	2	3	4
(5)	1	2	3	4
(6)	1	2	3	4
(7)	1	2	3	4
(8)	1	2	3	4
(9)	1	2	3	4
(10)	1	2	3	4

3

(1)	1	2	3	4
(2)	1	2	3	4
(3)	1	2	3	4
(4)	1	2	3	4
(5)	1	2	3	4
(6)	1	2	3	4
(7)	1	2	3	4
(8)	1	2	3	4

4

			点数
(1)	ア	イ	
(2)	a		
	b		
	c		

H　第　　　回　準1級　解答用紙　　　筆記 5

受験番号							
会場							
氏名							

5

点数

(1)

(2)

第　　回　1級　解答用紙　　リスニング

受験番号							
会場							
氏名							

記入例

良い例	悪い例
▬	◻ ◻ ◻ ◻ ◻ ◻

（小さすぎたり，はみだしたり，うすすぎたりしないように。）

マーク欄全体を塗りつぶしてください。

1

(1)	1	2	3	4
(2)	1	2	3	4
(3)	1	2	3	4
(4)	1	2	3	4
(5)	1	2	3	4
(6)	1	2	3	4
(7)	1	2	3	4
(8)	1	2	3	4
(9)	1	2	3	4
(10)	1	2	3	4

2

		点数
(1)		
(2)		
(3)		
(4)		
(5)		

J　第　　　回　1級　解答用紙

筆記 1 2 3 4

受験番号							
会場							
氏名							

記入例

良い例	悪い例

（小さすぎたり，はみだしたり，うすすぎたりしないように。）

マーク欄全体を塗りつぶしてください。

1

(1)	1	2	3	4
(2)	1	2	3	4
(3)	1	2	3	4
(4)	1	2	3	4
(5)	1	2	3	4
(6)	1	2	3	4
(7)	1	2	3	4
(8)	1	2	3	4
(9)	1	2	3	4
(10)	1	2	3	4

2

(1)	1	2	3	4
(2)	1	2	3	4
(3)	1	2	3	4
(4)	1	2	3	4
(5)	1	2	3	4
(6)	1	2	3	4
(7)	1	2	3	4
(8)	1	2	3	4
(9)	1	2	3	4
(10)	1	2	3	4

3

(1)	1	2	3	4
(2)	1	2	3	4
(3)	1	2	3	4
(4)	1	2	3	4
(5)	1	2	3	4
(6)	1	2	3	4
(7)	1	2	3	4
(8)	1	2	3	4

4

		点数
(1)		
(2)		
(3)		